U0954081

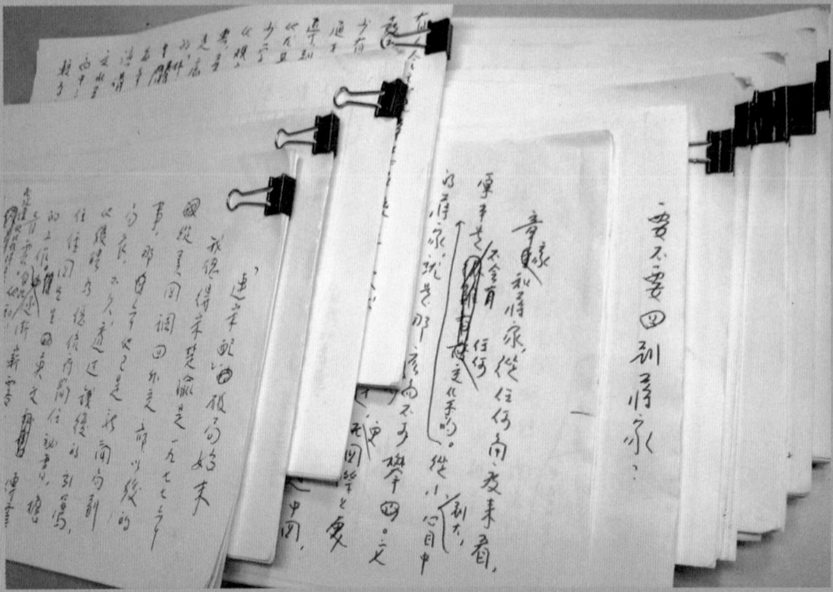

蒋孝严亲撰本书，历时三年，刻画内心真实情感。

蒋介石、蒋经国在翻阅蒋氏宗谱。

1939 年 6 月蒋经国先生任江西省赣县第四区行政专员公署专员时留影以及第四区职员证。

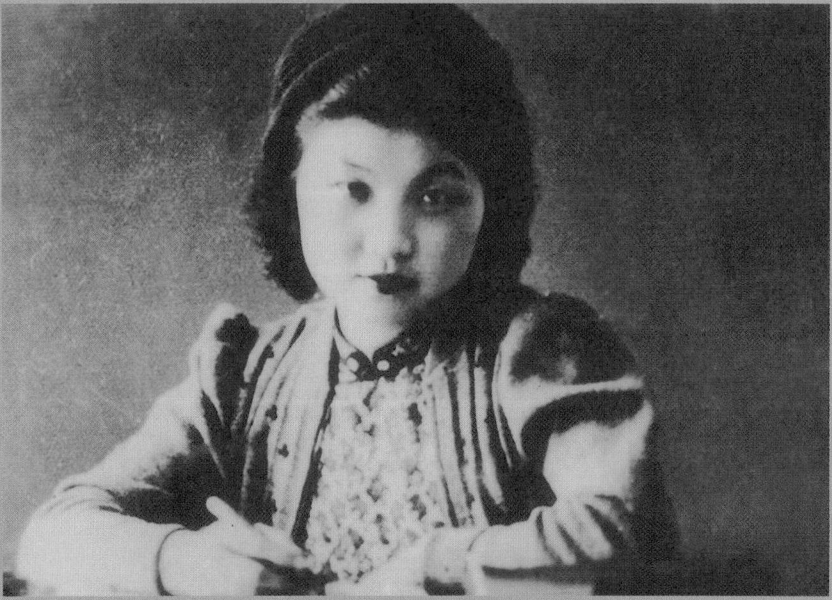

章亚若年轻时的留影。

毛福梅与刚刚回国的儿子、儿媳合影。

蒋经国故居——浙江奉化县溪口镇剡溪岸边的小别墅至今仍保存完好。

中国国民党副主席 蒋孝严 著

蒋家门外的孩子

九州出版社
JIUZHOUPRESS
全国百佳图书出版单位

出版说明

《蒋家门外的孩子》系由蒋孝严先生亲笔撰写。作为海峡两岸出版交流中心引进项目，由我社于 2006 年 6 月在大陆首次以简体形式出版，引起热烈反响，同年 7 月即付重印，其后在 2011 年 5 月出增订版。此次再版，是在前两版基础上进行了重新校订，并调整了部分图文内容。

九州出版社

2013 年 3 月

献给父亲经国先生

也因为他是我的父亲

我才会写这本书

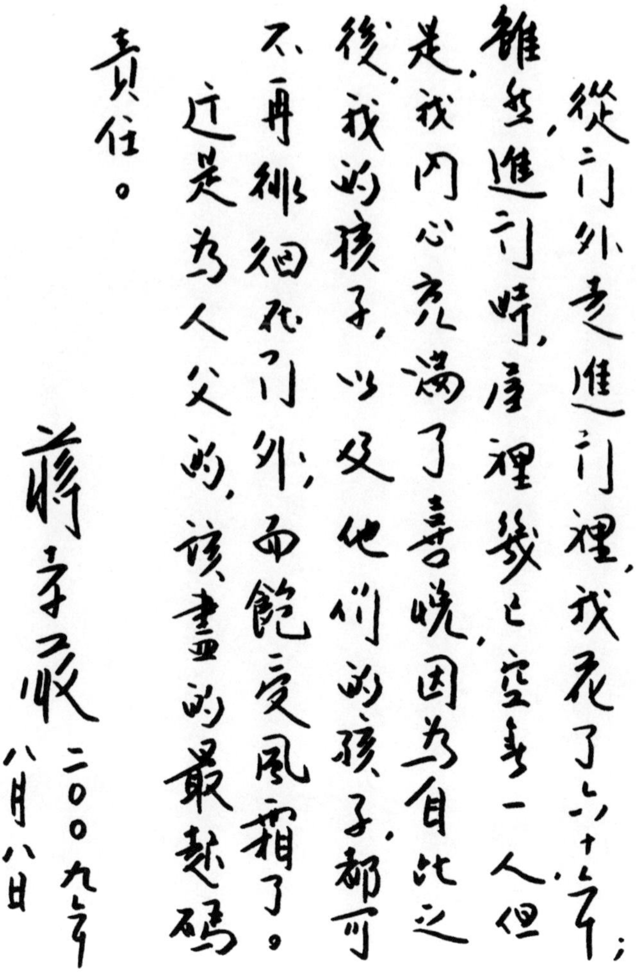
從門外走進門裡，我花了六十六年；雖然進門時，屋裡幾已空無一人，但是我內心充滿了喜悅，因為自此之後，我的孩子，以及他們的孩子，都可不再徘徊在門外，而飽受風霜了。這是為人父的，該盡的最起碼責任。

蔣孝嚴
二〇〇九年八月八日

蒋孝严手迹

马英九先生序

孝严兄以三年的时间，将其不平凡的一生，“每一个字，每一个标点符号，都出自自己的手”，亲笔写成自传《蒋家门外的孩子》一书，嘱英九作序，乃得先睹为快，并借以了解孝严兄面对命运、奋斗向上的事迹。

孝严兄以其流畅优雅的文笔，撰为本书，于叙情处，令人低回；于叙事处，使人神往；由于其经历宏富，观察深入，更有足供吾人参考学习者。

孝严兄把这本书献给蒋经国先生，并说“许许多多的事情，就只因为他是我的父亲，我才奋力而为。”诗云：“夙兴夜寐，无忝尔所生”，此之谓乎？

馬英九

（中国国民党主席）

连战先生序

在众人期待中，孝严兄这本书终于出版了，我首先恭喜他。

近年来，我接触到政治人物的自传或回忆录不在少数，但绝大部分都是以口述方式由他人代笔，读起来总觉得像隔了一层什么，缺少了些感受上的“真实”和“亲切”。

孝严兄除了认真问政外，还能在休会期间，公余之暇，花了近三年的时间，亲自一字一句地将他饶富传奇的大半生，以流畅的笔触、细腻的情感，作完整、平实的铺陈，一共写了十四万字，的确令人钦佩。我知道，他一直是个很用功的人，但要在那么忙碌的工作行程和紧张的生活节奏中，静下心来写书，并不是一件简单的事。

其实我很早就听闻过他不寻常的身世，以及围绕在它周边的故事；但是孝严兄从未主动向我道及，我也不曾以此相询，我能体会出这种特殊境遇在他内心形成的难处，我也更尊重他个人的私隐。

我曾和孝严兄一起工作多年，当我有机会提携他的时候，我只看重他的能力，不曾去考量、也不会去管他是谁的孩子。在长期从旁的观察当中，我注意到他一直有股“宁静的力量”，在他温和、沉稳的外表下，总蕴涵着“虽千万人吾往矣”的强劲力道和坚持。我曾当面称许他是不可多得的“实践者”（*doer*），而不是一般所常见口若悬河却不能起而行的“空想家”（*thinker*）。

我很高兴他在书中，把工作的重要经验以及所处理过的若干事项，作详尽的叙述和记录，一方面存真，另方面也可以带给后人一些宝贵的启发。

世人对孝严兄成长的过程，一直感到好奇，而社会上的各种传言又莫衷一是；过去十来年里，更有不少穿凿附会的书籍和文章大量涌现，但它们的真实性和可信度，均受到严重的质疑。孝严兄以目前唯一在世的当事人身份，就此出书，委实难能可贵，并且亲自执笔细心撰写，正是一本在大家渴望当中能读到最权威的著作了。书中有甚多我未曾听闻的有关他心路历程的种种解析，读后难不令人动容。

他虽为蒋家之后，却在“蒋家门外”长大，一路上经历了无数常人难以体会的挣扎和奋发；他所依恃的，就是那股我无以名之，只能称之为“宁静的力量”，最后他终能借以在职场上走出属于自己的一片天。他对“为什么需要”以及“如何”完成“认祖归宗”的前因后果和它的整个历程，在书里作了详实的交代，我相信很多人都会被其中的点点滴滴所感动。

《蒋家门外的孩子》，不管从社会的期待，或是要了解某部分蒋家家族史的角度来看，都是不可多得的好书。孝严兄成书之后，特来看我索序，我欣然应允，以示祝贺与推荐之意。

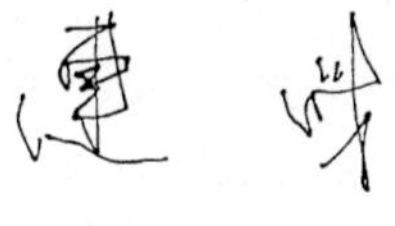

（中国国民党荣誉主席）

王金平先生序

俗语说："人在公门好修行"，担任"立法院"院长这么多年，要是有人问我，哪一件事算是绝无仅有，最使自己感到别具意义，我可以不假思索地说，那就是在二〇〇二年十二月十二日中午，为章孝严认祖归宗的实质完成举办了庆祝茶会，从此我们要称呼他正确的姓名：蒋孝严。我们很多人分享孝严兄的喜悦，对于我个人来说，能做这件事更是快慰平生。

说起孝严兄的认祖归宗路，真是漫长而奇绝。说漫长，它从一九五八年一直到二〇〇四年，前后长达四十六年；说奇绝，他们兄弟俩必须为了不让归宗之事增加任何人的困扰或心理负担而费尽心力，两兄弟"对几乎不可思议的身世转折，除了必须不露声色地去面对周遭，在人生道途上，更要隐忍不能说出自己是蒋家人"的困窘，真是情何以堪啊！然而，孝严兄的艰苦卓绝，终究完成了归宗大事，这种孝行实在是太高贵了。

孟子说："大孝终身慕父母"，虽然孝严兄时时吞咽着"叫父亲太沉重"的苦水，不曾在人生重要的转折点，见到自己的父亲，不曾像一般人一样能够时时得到来自父亲的指引，然而，作为经国先生的儿子，孝严兄不断设法从经国先生所有的公开谈话及著述中去体认父亲的志事，并用来自勉，以期克绍箕裘，"只有付出，对目标决不放弃"，正是经国先生一生志业的写照，这一点我们用来对照孝严兄的行动，我们可以说孝严兄做到了"无忝尔所生"的大孝境界。

记得清朝金兰生在《格言联璧》中说："必能忍人不能忍之触

忤，斯能为人不能为之事功。”孝严兄在开始懂事的青春期受到了十多年清苦生活的磨砺；而家世的不便更是给他带来长期的精神折磨，如果不够坚强，早就被他自己击垮，然而，孝严兄以积极态度逆流而上，以“沉着、耐心，不好高骛远；积极、果断，不投机取巧”稳扎稳打，步步为营地承接每一阶段的挑战，终于在一定领域里，成就了不靠显赫家世，却令人刮目相看的“社会形象”，这不只是可贵，更是难能！

有不堪回首的岁月，才会有可堪告慰的人生。从不可能中找出可能，是孝严兄从不凡的身世中体验出来的行事风格。孝严兄曾在“立法院”中推动两岸“包机直航”就是一种典型的“无中生有”，从不可能中找出可能的实例，我深为同仁中能有这么一位拥有几十年行政经验，再加上以相当的耐力，使一项有助于两岸民生的大事，终致成功感到骄傲。

《蒋家门外的孩子》是孝严兄为父亲经国先生而写的书，全篇十三章，道尽了孝严兄归返家门的艰辛，其中多少的无奈，多少的血泪，多少的苦心孤诣，孝严兄一字一划出于自己之手，真情流露，想必在他写时是一行一泪，竟叫我们读来也一页一泪，它的发行必然会感动千千万万的读者，我们为同时代的人能够读到一本好书庆幸。

孝严兄嘱我为序，我不敢当，就当是先阅读的人向尚未阅读的人做个介绍吧！

王金平

（中国国民党原副主席）

钱复先生序

老同事孝严兄以他手著《蒋家门外的孩子》一书嘱撰序文。我看到他的“为父亲而写”一文，不禁想起经国先生已离开我们十八年多。这些年台湾发生了许多重大变化，每当此时，我经常会想：如果经国先生还在，是否会如此？

我有机会长时间地近距离观察经国先生，认定他从来没有为自己或家人考量过。他自奉极薄，一件衬衫、夹克可以穿到袖子起毛，还舍不得丢。一部老别克公务用车多年不换。他有几套比较穿得出来的西装，是在重要场合才穿。他重视俭朴，厌恶奢华浪费，也影响了周边的部属。

孝严兄的新著一方面纪念先人，一方面也将自己成长过程中许多不为人知的往事加以叙述。阅读本书深感有血有泪。作为一个先睹为快的读者，我认为这本书带给读者两项重要的启示：一、希望是属于“乐观进取而有自信的人”；二、“冤冤相报只会造成仇恨的扩大和衍生”，宽恕的爱是正确的方向。在今天我们所面对的错综复杂的社会，这两项启示是极为宝贵的。

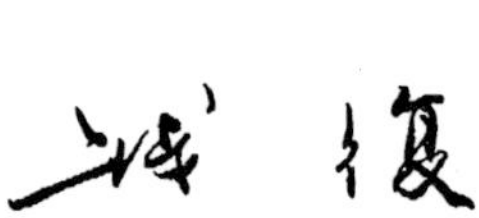

（两岸共同市场基金会最高顾问）

自序

为父亲而写

这本书得以问世，和美国两大报的资深记者有关。一位是《纽约时报》（*New York Times*）驻亚洲地区主任布瑞薛（Keith Bradsher），另一位是《洛杉矶时报》（*Los Angeles Times*）驻亚洲地区主任德密克（Barbara Demick），他们分别于二〇〇二年底及二〇〇三年初，对我进行专访。

我和他们素昧平生，只因我从二〇〇二年下半年起推动“春节台商包机”，前往北京多次，几经斡旋，终能协商成功，突破两岸五十年的僵局，引起国际媒体关注，CNN驻亚洲资深记者齐迈可（Mike Chinoy）亦曾专程到台北进行访问。《纽约时报》更对我在二〇〇〇年八月及二〇〇一年四月，专程携眷到浙江省奉化市溪口镇和广西桂林市，分别祭祖和扫墓的行踪，有浓厚兴趣，于是与我办公室联系，要求面访。德密克旋从香港来台湾两趟，和我做了三次深谈，并派该报专业摄影师，极度审慎地由我陪同到桃园头寮经国先生陵寝照了许多照片。

该报于二〇〇三年元月十一日，在A四版以极大篇幅做人物报道，当天台北时间清晨五点多，《中国时报》驻华盛顿特派员傅建中一见到该篇报道，就打电话来，把我从梦中惊醒，非常兴奋地跟我说："孝严兄，不得了，《纽约时报》以如此显著的版面和篇幅，并且以专题方式报道老兄，这是几百万都买不到的。台湾政治人物当中，你还是第一人！"

一笔一划出于己手

《洛杉矶时报》见到《纽约时报》的专访后，至为重视，于是指派德密克来台湾。由于当时大陆SARS横行，她只得自香港绕道汉城前来，和我做更深入的多次访谈。同年六月二十日她在该报头版新闻版面，长篇报道了我奇特的身世。在采访过程中，她跟我说，美国人对我这类活生生、传奇性的遭遇，不仅会同情而且会着迷；她还和洛杉矶好莱坞几位有名的导演好友，提过我的故事，都认为是非常好的电影素材。她建议我多花些时间自己来写书，她说："这比从政做到总统都还重要！"德密克女士的一番话，让我陷入沉思。看到她的报道之后，我便认真而严肃地拟定了亲自撰稿出书的计划。

花了三年多的时间，我慎重地把这本书写好。它的每一个字、每一个标点符号，都是出自我自己的手。我是利用公余之暇和"立法院"休会期间来执笔。二〇〇二年二月进到"立法院"后，我发觉"立法委员"的作息时间相当有弹性，和以前担任行政职务时，那种压得透不过气的日程相较，截然不同，好像突然多出不少属于自己可以掌握的时间。从前就有写书的构想，一直苦于无暇，现在像是一颗种子，见到一片肥沃的土壤，只要放在里面，一定会萌芽而结出果实来。美伦也鼓励我把自己不一样的成长过程做成记录。我理出好多本日记和重要的剪报与书籍，逐一翻阅之后，初步勾勒出了一个大纲；但真正投入撰写工作，是在二〇〇二年底和二〇〇三年初，接受前面两位美国记者访问之后的事。

走过认祖归宗之路

在写作过程中，我也想到过，这本书对蒋家会不会有什么负面影响？这当然不是我所愿见，但忠于事实的陈述，又是我写书的最低要求和原则，我只能要求自己忠实，不能要求所有人客观，就像画家呕心沥血地画出一幅美极了的旭日东升图，但看画的人，由于主观意念，可以很合理地把它当作夕阳西下来欣赏。《纽约时报》和《洛杉矶时报》的两篇报道，对蒋家没有一个字批评，是我最欣慰的地方，也让我相信，这本书在整体上，对蒋家会是好的。

在写到和孝慈一起走过的艰困岁月及母亲遇害的片段时，曾无法止住泪水而数度停笔。我原本考虑过省略掉母亲非自然死亡的篇章，但整件事情追到后来，我发现它和父亲经国先生无涉，也与祖父无关，我反而觉得更应当据实地把它公开出来，才能使父亲、祖父不再因为这件悬案被毫无根据地臆测污名化。也许会有人不同意我所做的论断，但只要有人拿得出直接的反证，我会虚心地接受，并且以感激的心交由社会公评。

我确信母亲是为了守住一份属于她生命全部的崇高爱情而丧生，且前因后果的轮廓在我心中早已有数，但我已无复仇的怒火。事隔六十个寒暑，当年时空背景迥然不同，加以当时政治、社会价值观的错乱，我早已学会用宽恕之心来看待。

社会上对我和父亲经国先生、祖父母以及孝文、孝章、孝武、孝勇之间的关系和来往，有各自认定的版本和谈论，但缺少完整真实的全貌。我从当事人的角度，把我所经过的一切，一五一十地做诚实的记录，对外界想要知道实情的，会有帮助。只是在写作过程当中，如何下笔切入，用单独个别的叙述？或合并式的综论？我的确花了不少时间，才整理出现在的篇章架构，让人能够一目了然，并且容易翻阅。

一个人要走过“认祖、归宗”的道路，才能确立自己的身份，已属极度不幸；在路途当中，还要饱受歧视和打压，才真正激发人们的不平和同情。前面提到的美国两位记者相信，这是为什么读者会对此故事产生强烈反响的缘故。最初知道自己是被迫从母姓时，确有强烈被羞辱感；要争回父姓，又似乎只能在梦里求。当我决心要让此梦成真，我知道，付出大的代价是必须的，而整个过程的崎岖和波折，便成了我这本书的轴线之一。在这一部分，我设法把心路历程和内心世界做一解析，对我的动机、坚持和周延的设想也做了说明。

许多人对孝慈和我都能从卑微的出身——“私生子”是够卑微的了，最后却也勉能晋身所谓“功成名就”之列，均投以奇异眼光，并窃窃私语，“蒋家余荫”是否是他们成功的关键？关于这一点，我也做了反省。

献给父亲经国先生

从提笔写下这本书的第一个字开始，到点下最后一页的标点符号，一路上，父亲经国先生的影子一直在我脑中、在我眼前、在我身旁。多处我提到他，他是给我生命的父亲，也是有血有肉和七情六欲的人，我不会因为他不是神，而减弱了我对他的爱和崇拜。许许多多的事情，就只因为他是我的父亲，我才奋力而为。在我内心最最深处，我知道，也因为他是我的父亲，我才会写这本书。

爸爸，我爱您！

蒋孝严

二〇〇六年五月

目　录

第三篇 逆流向上

第十章 赤手闯天下·“外交”搏名声

第十一章 父亲猝然逝·榻边冷清清

第十二章 栖台北“政坛”·叹冷暖假真

第一篇

蒋家门外

JIANG JIA MEN WAI

第一章　遥遥归宗路·哀哀赤子心

江西南昌的章家和浙江奉化的蒋家，原先不管从哪个角度来看，都是不会有交集的两条平行线。

从小到大，心中的蒋家就是那么高不可攀，怎么样都和它沾不上边。它主宰过全中国的命运，在国际上叱咤风云，不可一世。章家书香门第，却是寻常人家，每天挣活求温饱，从未奢求闻达；数代均与国事无涉，几与世事无争，只想在恬静中过活。日军侵华的战乱，章家开始东躲西藏、四处逃难。一九三九年为避战祸，从南昌老家辗转南迁，到了相距五百公里之遥的赣州。

从未想到，章家一位纤弱的女子，会和蒋家第二代中的翘楚，不期而遇。他从前苏联回国不久，雄心万丈地选定赣州作为培植政治势力和班底的根据地，既练兵又组训，励精图治，并打出响亮口号，要把它建设成全国的模范；一夕之间，风起云涌，成了各地青年崇拜的偶像，各省前来投靠的精英络绎于途。

就在这个历史的偶然里，先母随家人迁徙到完全陌生的小城，意外地与一位英雄似的人物，编织起凄迷的爱情故事。蒋家和章家日后千丝万缕的纠葛，于焉开始。

从赣州到桂林，先父母共度两年多的美好时光，和其他年轻恋人一样，有对爱情的憧憬，也遇到现实生活中的难题和挫折，有欢笑有泪水，也有互诉衷情、私订终生的山盟海誓。

蒋章之恋觅结局

当身世不再是秘密，相关资料也逐渐散见两岸报道时，我决定设法去了解更多，尤其一九四〇年到一九四二年期间先父母的交往情况，就算是偶尔风闻到一些蛛丝马迹，或是有人转述的传闻，我都侧耳倾听，记录下来。

经国先生一九八八年过世后，我搜集到类似以“蒋经国与章亚若”为名的书刊甚多，以及数十篇的记述文章，但是，有关赣州部分的描述，则多属重复转载或抄袭居多。虽然有价值的“新资料”有限，但仍有助于以抽丝剥茧和去芜存菁、相互对比的方式，清理出若干问题的脉络和细节。

整个赣州故事的过程和内容，知道得最清楚的只有一个人——王升。他曾以长辈身份替父亲照顾过我们，对于六十年前的往事，他是分次向我们断断续续地叙述，在若干关键点上，却又刻意保持模糊。在他一九九三年出版，由别人代笔的回忆录《王升与国民党》中，强调他如何受到经国先生的感召，从赣南乡下赶往赣州去投靠，并深受器重而不次拔擢，有知遇之恩等等。他追忆了无数在赣州的工作细节，但令我不解的是，却只字未提及先母，他们不仅是青干班的同班同学，且颇有私谊，坊间甚至盛传，先父和先母相识，他扮演了重要角色。

有一次王升很诚恳地向我和孝慈描述他所认识的先母，他说先母“美丽大方，气质不凡，工作积极，热心助人，毛笔字潇洒有力，抗日爱国情操高亢，多次投入救助伤患工作；领导力强，颇有男子气概，学习能力高，记忆力出众，平剧只要听过几遍，即可上口清唱。当时是班上的灵魂人物，同学们均以‘大姐’称之。”有一天他还特别强调，先父母是“真心相爱”，约定要“永相厮守”。既然王升对先母认识甚深并有私交，在回忆录里却只字不提，显得极不自然。

先母是在一九四二年八月十五日下午猝逝，不及留下遗言。四十六个年头之后，一九八八年一月十三日下午，经国先生也是在一种措手不及的情况下大量吐血后宣告不治，也未及交代后事。我在想，他们临终弥留那一刻，是不是都还同样惦念着那个相互约定但未能遂的心愿——负责任地要两个孩子早日归宗？

“自我身份放逐”的日子

“孝严、孝慈要不要回到蒋家？”、“孝严、孝慈能不能回到蒋家？”过去几十年在台湾社会里，确实引起了许多人的关心和好奇。不少人是发自内心的关切，也有的只是抱持看戏的心态。

“能不能回到蒋家？”我很早就认定，若无主动作为，这个问题将永远不会有结果！经国先生过世后，蒋家里面就更不会有人为这件事采取行动了！

自先母在桂林遇害数十年来，章家大小有多数的时间，过的是一种“自我身份放逐”的日子，从来不敢张扬自己的身世。还记得在念初中时，我听到二舅和外婆多次当面否认别人好奇的询问："这对双胞胎是不是蒋家的骨肉？"他们回以极不自然的笑容，却明确地说："不是，不是，……不要乱讲。"我不懂这些对话的意思，但一直忘不了挂在他们脸上那种尴尬的表情。外婆很痛苦地告知我们实情之后，还要我们把它藏在心里，不要对外走漏，她真的担心会进一步惹来杀身之祸。连自己的父亲是谁都不敢承认，对血气方刚的青年来说，是何等的痛苦；这种内心长期的煎熬，绝不是蒋家其他成员所能体会于万一的。

章家在新竹之所以过得那么困顿，当然是有人为了要保护经国先生及蒋家的声誉，使得章家大小无辜地作出了牺牲。经国先生一定交代过王升要妥善照顾远在新竹的章家，最初几年，王升确实尽了力，也办到了，但后来由于王升和二舅舅没相处好，全家一下子陷入难以置信的窘境。王升不会也不敢向经国先生报告那种穷困的实情，经国先生还以为他两个在新竹的孩子一直过着无忧无缺的生活；他更可能误以为，孝严、孝慈从来就不知道自己的生父是谁，所以也从未影响到心灵的平静。有许多事，他确实被部属隐瞒住了。

新竹的苦日子只是其中之一。当我和孝慈成年后，王升告诉我们，他三不五时都会将近况向父亲报告。但王升一定未曾告诉父亲，我们念中学时就晓得自己身世，以及因它而带来心理上难以调适的痛苦。设若父亲早就知道，我们十六七岁就揭开了这个秘密，而渴切盼望着父爱，他应当不忍心在我们各自成家之后还不安排会面。

为母亲讨回公道

在我们考虑"要不要回到蒋家？"时，多少有些情绪和意气的成分。一九九二年，孝勇可能因为健康恶化，也可能因为经国先生过世对他打击太大，突然发觉自己是置身在一个全然不同的政治环境，不再有一呼百诺的能耐，在心理上不易调整，加上我和孝慈不仅未受影响，反而各有长进，所以对我们“认祖归宗”之事，一反几年前的正面态度，竟向媒体说三道四，令我和孝慈有无比的难堪和委屈，也激发了内心的反弹与不满，更让我们不能接受的是关于“回蒋家”这件事，可以由某一个特定的人或少数人不以事实为根据，而只依情绪来论断。受到这种外来的刺激，“回蒋家”反而成为我和孝慈生命中必须的坚持。尤其想到先母在蒋家的身份未明，为了讨回一点起码的公道，成了为母亲尽孝的一份责任和使命。

针对蒋家少数人排斥性的谈话，我和孝慈去看过王升，并且抱怨说：“我们向来没有求过蒋家什么，今天经由各自的努力，一个是大学校长，一个是‘内阁阁员’，在任何家庭里面，都算得上是争气的孩子，为什么只是为了母亲，想要还原本姓，却要受这么多的屈辱？”

王升只有委婉安慰我们：“不必去理会这些，你们还是要在已经打好的基础上，继续走自己的路。你们是蒋家之后，任何人都改变不了它，也阻挡不了。”隔了两天，我也为这件事去看过《中国时报》的余纪忠董事长，他直截了当地说：“你去和蒋家少数几个人计较什么？只有蒋家欠你们，你们又没有辜负蒋家，老天会还给你们一个公道的。”

对于要不要“归宗”，社会上尽管因思考角度不同，会有些微差异的看法，但是，对章孝严和章孝慈是经国先生之后的认定与接受，则无二致，毫不怀疑。当我和孝慈体察到这层障碍居然来自蒋家

章亚若怀抱与蒋经国所生的两名稚子——孝严（左）、孝慈（右）。

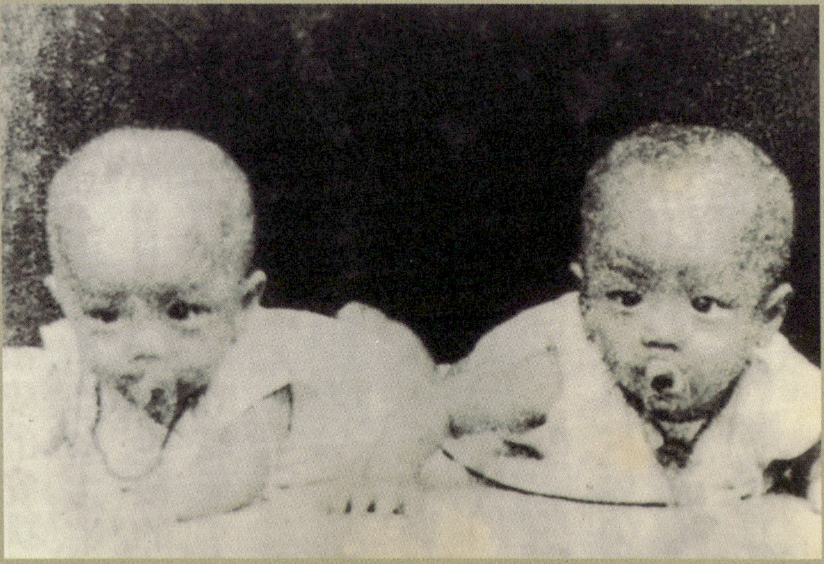

襁褓中的孝慈和孝严。

1943 年摄于江西万安，右一为二舅澣若、右三为外婆周景华、右为四姨亚梅。亚梅怀里为孝严，外婆怀里为孝慈。

童年时的孝慈和孝严。

孝慈和孝严合影。

抚养孝慈和孝严成人的外婆。

1947 年冬，孝严、孝慈与外婆的亲友于江西南昌留影。

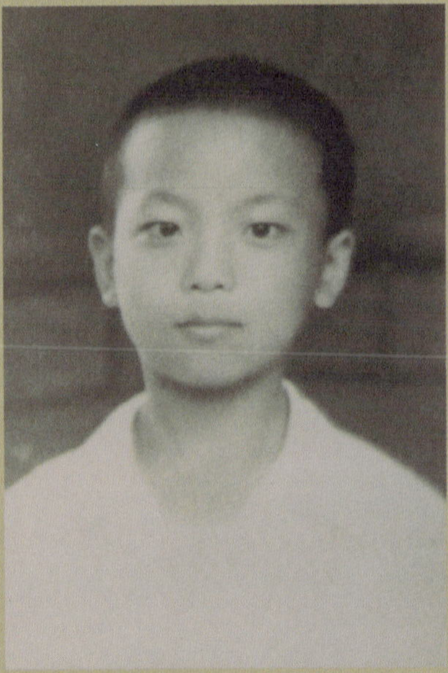

1951 年读小学的孝严。

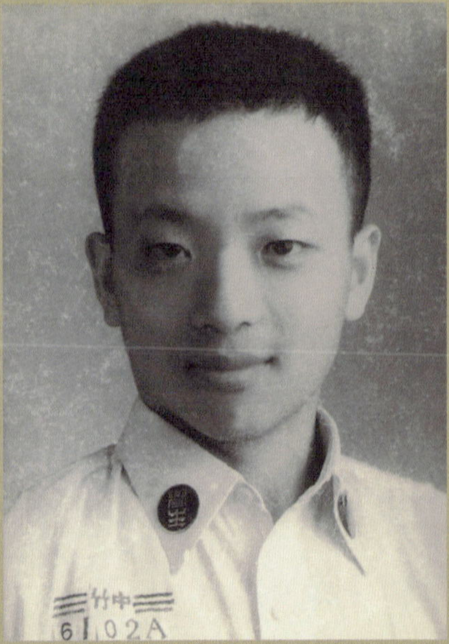

就读新竹中学的蒋孝严。

小学毕业时的孝严（前排右八）、孝慈（前排右七）。

中学时期的蒋孝严（中）。

1963 年蒋孝严读大学三年级时摄于宿舍。

1964 年，蒋孝严服“预备军官役”时和同学合影。

1964 年蒋孝严服“预备军官役”时留影。

1964 年 8 月 23 日，蒋孝严在金门服预备军官役，于祖父手题“毋忘在莒”前。

本身，使我们在这个问题上作过挣扎，尤其体认到其中许多能否成事的因素不在我们掌控之中时，只能无奈地说："对归宗的事，我们不急，一切顺其自然。"事实上，不是不急，只因为我们一点把握都没有。只要想到先母未能如愿地在生前走进蒋家门就含冤九泉，为人子的却还要对外说出不急着归宗，我们的心是在滴血。

对子孙的交代

随着经国先生的过世，蒋夫人隐居美国，蒋氏家族在台湾政坛上的影响日益式微。蒋家第三代的壮丁，也在十年里急速凋零。在蒋家当权之时，我和孝慈都必须隐藏在暗处，从未与至高的权力和荣华富贵沾过边。

蒋家不再当权后，我们反而觉得应当是回到蒋家的时候，不是去问蒋家还能给我们什么，而是问我们能继续给蒋家什么。其他的暂且不说，就只要平顺地处理好上一代留下来的难题，应当就是为先人做了一桩重要的事。

就如外界所说，发生在蒋家三代当中的各种故事多到不可胜书，其中更有不少的"罗生门"，一直以讹传讹地流传着。如果我对"蒋章之恋"，都不设法将它一层层不必要的神秘面纱揭开，或者畏首畏尾而不去面对现实、还原真相，先父母的故事就会随着时光的流逝和相关当事人的一一作古，加上好事之徒的绘声绘影或刻意扭曲，注定又会成为掉进黑洞里的另一件"罗生门"，有关实情将永难重见天日。

这个不幸的故事是由上一代起的头，在我还有能力影响到它后续发展的情节时，怎可逃避而不尽力让它能有相对圆满的收尾和结局，不要让它的破坏性，偏差地再延续到后代子孙。我们已经十分无辜地忍受了一辈子，我的下一代，没有任何理由，还要承接这种无比残害；还有下一代的下一代，我也有责任让他们所面对的，将不再是前人恩怨所污染得到的一个环境。当我的子女被问到自己家族问题时，会很自然且不再有纠缠我一生的畏缩，能很骄傲地说："我们是浙江奉化蒋家的后代。是父亲把我们带回到蒋家的！"

不论站在母亲的角度、父亲的立场，或对子孙的交代，我别无选择，只有承担一切，排除万难，去走完这条十分崎岖的道路。

祭拜祠堂先认祖

台湾的蒋家，从来没有对我和孝慈开启过回家的大门，但是，在大陆家乡奉化溪口的蒋氏族长，却为我们敞开了一扇窗。

一九九七年五月十四日，经国先生过世九年之后，我意外接到浙江奉化溪口三位蒋家族长蒋中伟、蒋宝祥及蒋嘉富的联名信函，诚挚邀请我带妻小去蒋家祠堂祭祖。信中强调，要认祖归宗便要先来祭祖。以当时我担任"部长"职务，要前往大陆，几不可能，因为台湾有不准政务官进入大陆的规定，而且严格执行。所以，那封信便被我锁进抽屉，不仅没有复函，连美伦我都未曾提及。

二〇〇〇年三月十八日台湾"大选"，民进党获胜。五月二十日国民党交出"政权"，对在台湾"执政"五十年之久的国民党而言，是一个翻天覆地的变局！我知道五月二十一日后，我和许多所谓"前朝要员"一样，将离开"政府"，回到民间。

自从一九六八年二十六岁通过"外交领事人员特考"进入"外

交部”服务，到二〇〇〇年五月二十日离开“政府”岗位，出任公职，转眼共三十二个寒暑。在这三十二年的岁月，回头细数所经历的“党政职务”，项数之多，在岛内鲜有人能超过，依照派令先后次序包括了：“外交部”荐任科员、“驻美大使馆”三等秘书、二等秘书、“外交部北美司”科长、“外交部”专门委员、“北美事务协调委员会”副秘书长、秘书长、“外交部北美司”副司长、司长、“外交部常务次长”、中国国民党中央委员会海外工作会主任、“外交部政务次长”、“侨务委员会委员长”、“外交部部长”、“行政院”副院长、中国国民党秘书长等，多达十九项，若加上“民选国大代表”，一共有二十项之多，其中确有属“党政高层要职”在内。

二〇〇〇年我办理退职时才五十八岁，以这个年龄若就“告老返乡”、“安享余年”，未免太早了！我不会允许自己这么做，面对新的未来，我勇敢而坚毅地作出第二个生涯规划。

老和尚的预言

我回忆起一件很诡异的往事。在省立中坜中学读初中二年级时，也就是一九五三年的四、五月间，那时我和孝慈每天在新竹和中坜之间乘火车通勤。

有天放学，从中坜坐火车回到新竹，在步行回家途中，经过东门市场旁边的“东宁宫”，在这间香火鼎盛的庙门口，有一位看起来真是仙风道骨的老和尚，摆了一张算命看相的小摊子，我们无聊又好奇地走近摊位，想看看到底在搞什么。那位老和尚，我记得是河北籍的，对他，我留下极为深刻的印象。他穿着一身白色道袍，脚上踏着一双黑色布鞋，个头和长相都很神似现在颇有名气的星云法师；他满面红光，神采奕奕，还蓄着一把银白胡须，看来多了一份神气。老和尚对我们两兄弟端详了一下，很热络地笑着说："你们相貌不凡，要不要看看？"孝慈说："我们没带钱。"老和尚说："不要紧，让我替你们看看，我正好闲着没事，不收你们钱。来，把手伸过来。"

他先握住我的左手翻来覆去，看了几眼，然后，要我把手伸直，用一根竹尺量了两下，再细看手纹还念念有词。他声音洪亮地对我说了几句话："你的命很好，你会做很大的官，但是要防小人。你年少时很坎坷，你的夫妻、子女缘都很厚。你做了官以后，还会参加选举……你的父母、兄弟缘很薄，你一生中会遇到很多贵人……"孝慈则不肯把手伸出去让他看，所以也没对他说什么。他看出我们是学生，还鼓励我们说："好好念书，你们一定会出头的。"他那中气十足的声音和那白胡须，到今天我都忘不了，像是昨天才发生似的。

他所说"你会先做官，然后还会参加竞选"这句话，当时我完全不懂，现在想起来倒真令人讶异。二十世纪五十年代初期，台湾才刚开始实施"地方自治"，基层"选举"也才萌芽，一个和尚怎么会对一个刚念初中的孩子说出有一天他会参加选举的话来？很难理解。老和尚还进一步说是在当官之后，才要去选举，叫我百思不解。他又怎么知道台湾以后会有很多选举？几十年后台湾的民主又会是什么样？五十个年头之后，一九九五年我被国民党指派到新竹市参选"国大"代表时，才悟出他当时何所指。二〇〇一年和二〇〇四年我又分别在台北市南、北两区参选"立法委员"，均高票当选，更豁然领会到那位老和尚的玄机和功力，“看相”是有它一定的道理在。

直接接受民意挑战

一九九四年我从“外交部政务次长”，调升为“侨委会委员长”的第二年，遇到一九九五年“国民代表大会”改选。国民党大肆鼓吹提名政务官参选，一方面想提升国民党和“国大”的整体形象，另一方面要让政务官有选举的历练，同时去多抢下几席国代的席次，所以在文宣上，把政务官的参选作为主打重点。根据规定，“国大”代表可以同时出任官员，“内阁阁员”若选上国代还可以续留原职。于是中央党部极力劝进年轻、形象好的政务官出马，但是到最后，却只有我和胡志强跳出来，我在新竹市，他在台中市；其他好几位颇为叫好的政务官，包括赵守博、王志刚、张昌邦等，都没有被党部说服去参选。就如外界预期一样，我和胡志强均轻易获胜。

新竹老和尚所说的话没错，我真的在“入阁”之后，身不由己地参加了选举。

一九九六年三月二十三日“国代选举”开票当天，在新竹市有实力的五位候选人当中，我拔得头筹：在十七万多张有效选票中我获得近七万票，比第二名民进党当选人蔡仁坚的三万多票，快要多出一倍，较第三名吕学樟的两万票多出三倍多，得票率高达百分之三十八点九七，为多席次“选举”所罕见，为全省各县市当选人之冠。当夜开票后，无数的群众拥进竞选总部道贺，挤得水泄不通。

这是我第一次体尝到拥抱民众的快乐。这是首次不须取决于长官的好恶或取舍，经由自己实力的展现和选票的肯定，而摘取到的甜美果实，它的滋味，和以往任何一个公职的布达，是截然不同的。经过这项激烈选战，我对民主的体认格外深刻。

第二次参加“民意代表”的选举，是在七年之后，二〇〇一年的第五届“立法委员”选举。

拒当绿朝新贵

二〇〇〇年“三一八大选”国民党失败后，内心很清楚，我即将离开公职，该如何在往后的岁月里继续奋斗，让我跌入了深思和长考。四月中旬接连几天在书房整理资料时，不经意翻出已尘封数年的那封来自奉化溪口蒋家祠堂族长们的邀请函，再次细读，耳边像是听到了一个声音：“五月底卸下特任官的职务后，身份变得单纯，就可以前往大陆祭祖了，这是一个夙愿得偿的好时机！”

很少人知道二〇〇〇年“大选”后，我曾有机会进到“新政府”任职，却被我婉谢了。那是在“五二〇”李登辉卸任前，他办公室的主任苏志诚来电询问我有无意愿到海外出任“大使”或“代表”？当时有几个大国的人选均未派定，我可以挑选一个，决定后告诉他并由“新政府”派任等语。当时李登辉和阿扁关系至佳，这是轻而易举的事，但我立即谢绝了他的传话和建议。因为我无法说服自己跳到民进党“政府”内担任“特任官”，我反对该党追求“台湾独立”的思维和它以创建“台湾共和国”为目标的党纲。“驻外使节”就是代表“元首”，等于是他的分身，理念相左，怎么可能去执行任务？

参选“立委”继续打拼

由于参选过“国大”代表，又担任过党秘书长，操盘过无数次的大小选举，对于选举我不仅有心得，也一直有浓厚的兴趣。二〇〇一年底就有“立法委员”与各省辖县市长的选举，我的政治直觉告诉自己，在国民党不再“执政”的新环境中，要在政坛上继续有所作为，唯有参选一途。

我和新竹市的渊源很深，不仅从小在那里长大，连外婆的骨灰也供奉在市郊青草湖的灵隐寺。我和孝慈在台北有了自己家庭后，每年清明节都会带妻小前去烧香祭拜。在参选新竹市“国大”代表过程中，更与当地政商领袖建立起坚实、良好的关系。二〇〇〇年四月初，我和美伦像往年一样，前往青草湖扫墓，顺道和几位当地颇具分量的朋友叙旧，其中曾在“国代”选举时大力支持我的好友吕柏镛，就建议我隔年到新竹市来选市长，举出许多理由，认为一定胜选。事后我和美伦商量，可以作为规划的选项。由于我客家话讲得很地道，那段时间也有居住在湖口和新埔的客家乡亲，当面要我参选新竹县长。新竹县议会主秘周清志，有次在他家餐叙时，还邀了几位新竹政界人士到场，也都直接劝我选县长，我只笑笑谢谢他们的好意。

“五二〇”后，参选公职之心已定，只剩下“选项”问题。我是极端的审慎，不仅曾向王升、钱复、丁懋时、秦孝仪等前辈讨教，甚至星云和圣严两位大师我也去拜访请教过。他们各有看法，但鼓励我参加选举则颇一致。最后，让我选择参选台北市南区“立法委员”，还是几位媒体界的老友在餐会上给我的分析建议。

那年七月，我邀了几位熟识且有交情的新闻界老朋友，包括江春男、王健壮、徐璐、陈浩、廖福顺等人餐叙，在请教他们意见时，众人几乎异口同声地建议我选“立委”，而不要选县长或市长，若是直辖市长则另当别论云云。他们的理由很简单，以我过去的经历，担任过“部长”及秘书长，应当投入更高层级的议题，来监督“政府”和影响政策，不必投身在琐碎的低层级政治里。王健壮和陈浩特别强调，未来几年，“两岸关系”一定是台湾必须面对处理的重要课题，在政治议题的优先顺序上必定是居于首位，而这正是我可以根据过去的历练好好发挥的地方。他们还说，要选，就挑难的选，台北市南区，是全台湾“立委”选战中最激烈的选区，相较之下，若选新竹县市长，对我来说，太轻松了，要尝试能在困境中胜出，才有意义。我被他们说服了。

就在那年“五二〇”，我很快速作了一“公”、一“私”的两个决定：一、参选“立法委员”；二、前往浙江奉化祭祖，启动认祖归宗之旅。

踏上认祖之路

每当夜深人静，回首过往，心中时有一股化不开的感伤。

自出生起就比其他有亲爹亲娘的孩子，在生活上和心理上要来得不圆满和孤单得多，更不能去和蒋家其他几位同父异母兄弟相较。母亲早逝，又见不到父亲，由外婆和舅舅一手带大，几十年来生活上的辛苦，容易克服，但是，要如何在心理上去抗拒不公平的感受，才是真正的难处。除了要挣扎图存，更要去扭转起跑点上的劣势，还要有决心去把人生中许多不可能的变得可能。从小就自觉和同龄的孩子有许多不同想法，可能是恶劣境遇反而激发人早熟。

到了高中，我即很清楚绝不允许自己庸庸碌碌过一生。在新竹的日子很苦，中央路上不会有邻居相信，那个清秀瘦小的孩子，有天会当上“部长”，还会出任中国国民党的秘书长。邻居到家里来串门子，向外婆当面夸奖我和孝慈说“您这两个外孙好聪明，气质很不一样”，外婆就显得十分开心。她多么希望这两个孩子有一天能够有出息，让蒋家人看重。然而，在她过世时，我们大学都还没毕业，她没来得及看到我们日后的成长和成就。几十年前，根本不会有人相信，我在重重难关当中真能独力完成归宗。外婆和先母生前只敢有此期盼，她们心中有数，这是件十分困难的事。

二〇〇〇年八月二十三日，我踏上认祖之路。妻子美伦、子女蕙兰、蕙筠和万安，一家五口，加上孝慈遗孀赵申德及子女劲松和友菊，一行共八人，由好友程家瑞夫妇、李庆平等陪同，搭华航班机首途香港转飞上海，再驱车前往奉化溪口。

在决定前往前，我和美伦曾拜访了多位亲友长辈，听听他们的意见，还专程到大理街去探望过身体已不是很好的《中国时报》创办人余纪忠先生。

二〇〇〇年八月中，我和美伦一道去看纪老，纪老的书房不大，先走过一个简朴的客厅，旁边是间小小的餐厅，其陈设远没有想象中报业巨子应有的豪华或气派，几张旧沙发，一张办公桌，上面堆满了新书，房间采光充分，显得十分明亮，颇有生气，可以说窗明几净，简单朴素而书香四溢，让我觉得纪老在家居生活上，颇有经国先生的俭朴。

那天，他精神很不错，话语也很健。当我请教他对我计划到溪口蒋家祠堂祭祖的看法时，他毫不犹豫地说：“这当然是应该做的！”还补充说了一句话：“我十分敬佩经国先生，但是对他唯一不谅解的地方，就是没有把你和孝慈的事情处理好！”我忘不了他说这句话时的严肃表情。他不仅赞成我前往，还特地指派资深记者尹乃菁全程采访。抵达溪口祭祖的现场报道，《中国时报》在八月二十五日是以头版头条的方式处理。纪老对这件事的支持和重视，不言可喻。

行前看了方智怡

动身前往奉化之前，为求周延，我还说服了美伦，特地陪我去看了方智怡，她住在中山北路她姐姐家。我告诉方智怡我们动身的日期和大致的行程，包括到蒋家祠堂去祭祖，并且说明了这件事的缘由，以及几年前蒋家族长来函邀请我们前去的经过。

我和美伦用了最大的耐心和应有的礼貌，试图和她沟通，希望经过这种格外的努力，她能有所体谅，接纳我们表达的善意。然而，我们的诚意和力气，事后证明是白费了。虽说家家有本难念的经，但蒋家家务事不断在媒体上被炒作，只会令亲者痛而仇者快，这都是我想避免的。我从不怪她，我知道这些都是由于过去和孝勇之间的误会所致，我会以非常包容的心去设身处地地想，从不和她计较。但是她以蒋家媳妇的身份，与蒋家并无血缘关系，却常在我和孝慈认祖归宗的路上说三道四，令外界有强烈的反感，但她自己却浑然不知。

同行的东吴法学院院长程家瑞，原本就和孝慈与我有数十年的交情，尤其和孝慈相交至深。孝慈第一次和最后一次前往大陆，都是由家瑞陪同。一九九四年十二月孝慈在北京因脑溢血昏迷在中日友谊宾馆的房间，第二天清晨就是他召饭店管理员破门而入的。我决定前往大陆，当然需要有人协助前置的安排，家瑞是不二人选。二〇〇〇年四月，我就和家瑞多次谈到返乡祭祖的构想，他十分赞同，为我先去探探路。我把奉化族长们写给我的信，影印了一份，请他带去溪口和北京，与相关的人当面商谈，尤其是关于进行祭祖的一些细节，要先商量好。

家瑞行前，曾来家里数趟，很快便确定了走访的路线，初步排定从台北经香港飞宁波，随即开车直奔奉化溪口，祭祖之后，返回宁波稍事停留，接着到上海，参加上百位台商朋友的祝贺餐会后，再转飞广西桂林，专程到先母坟前祭告后返台。

踏上先人出生地

八月二十三日上午十时二十分，当我们搭华航六〇三班机飞香港转东方航空往宁波时，发生了一段小插曲。当天台北遇到“碧丽丝”台风来袭，华航起飞时间延误了近两小时，一定来不及到香港接上东方航空飞桂林；但是，当东方航空总经理接到台北电话，我们所搭华航班机已起飞，他硬是将东航班机在香港机坪上等了两个多小时，待我们抵港登机后才起飞。显然北京方面对这趟返乡祭祖之旅也给予关注，避免有任何差错。

一路上我心情非常平静，虽然思绪颇有起伏。一想到过去蒋章两家不为人知的情缘聚散，以及后来发生在章家三代生活上的压抑和干扰，其辛酸实难言宣，我更必须让整件事尽早落幕，不再延续性地造成遗憾。孝慈过后，我已形单影只，那份责任便落在我一个人的肩头，唯有挺直腰杆扛下来。尽管我可以选择以逃避的心态不去碰触它，或继续用“顺其自然”四个字自我解嘲似地去搪塞、去躲闪，但这只是一种懦弱卸责的态度。我也可以自欺欺人地去梦想，有一天，总有一天，蒋家会主动张开双臂欢迎我们回家，但这毕竟是脱离现实的想法。见到孩子们一个个快要长大成人，要是仍然拖延不决，一旦年迈体衰无能为力时，我将永远愧对他们。若我在有生之年未能让子女得以昂首阔步地说自己是蒋家人，我会对不起外婆、对不起母亲，对不起先父经国先生，更对不起子孙后代。

当我们一行抵达宁波机场，即受到当地政府非常礼遇的接待，用过午餐后，搭乘由市台办备妥的专车直奔奉化溪口，并由公安警察开道，所经高速路的交流道也做了交通管制，另外有好几位便衣公安随行保护。

当天下午三点四十分我们抵达溪口，直接住进紧挨着剡溪旁边的武岭宾馆，宾馆周围景色宜人，青山绿水，尽入眼底。晚宴前，雨势稍歇，我即与家人从宾馆漫步到剡溪边赏景，蒋家故厝“丰镐房”和经国先生住过的“小洋房”等建筑，就在剡溪另一旁。雨后初晴，空气清新，远近美景一览无遗，极似一幅山水画，令人心旷神怡。这是我第一次来到先人出生地，睹物思人，抚今怀昔，感触何其良深。奉化溪口，山清水秀，气势不凡，予人超世脱俗之感，所谓地灵人杰，良有以也。只要亲临溪口，不管你相不相信风水，对于蒋家坐落的地理景观，均会留下深刻印象。

当地政府特别安排我在晚宴前，和专程前来代表蒋家族人表示欢迎的五位族长晤面，一位年长的是祖父“周”字辈（祖父蒋公依家谱取名“蒋周泰”），有两位则是父亲“国”字辈的代表，另外两位是同辈“孝”字辈的代表。这五位蒋家人，都是农民和小百姓，穿着言谈都很朴实，文化水平不高，望着他们晒得黝黑和饱经风霜的面庞，我至为感慨，历史无情与世事无常，全写在他们布满皱纹的脸上。

蒋氏族人夹道欢迎

二〇〇〇年八月二十四日，我偕美伦、子女、申德及其子女，同往溪口蒋公故居“报本堂”拜祭，并到先人墓前扫墓，受到蒋氏族人和一般民众夹道欢迎，热闹之程度，可谓空前。根据《中国时报》随行记者尹乃菁二十五日报道：“虽然从昨天章孝严抵达开始，大雨持续下着，可是今天一大早，就有人守在蒋氏故居前，等着章孝严祭祖。有一位自称蒋家族人的老先生，清晨六点就来了，大批人围在蒋氏祠堂前，议论纷纷。他们对蒋经国和章亚若的故事都挺熟悉，谈到章孝严回乡祭祖，好几个人都操着宁波口音说‘早该回来了！’……近百位聚在蒋氏故居外的民众把道路都占满了，过往车辆必须猛按喇叭才能开出一条路来，……好不容易等到章孝严抵达，大家挤着凑上前来和章孝严握手，抢着对章孝严说：‘经国先生是我堂舅’、‘我也是孝字辈的’，人太多，还有人抱怨公安把章孝严包围得太紧，章孝严只能匆匆招呼；每到一站，总有人指指点点说他长得很像蒋经国。”

从尹乃菁现场生动的叙述，可以看出那天早上人群的沸腾，也更清楚反映，溪口老家众多族长及族人们热烈欢迎我回到蒋家的真情流露。“蒋家”是所有蒋氏家族的统称，得到他们的肯定才十分重要。

当天清晨七点三十分，我们就从武岭宾馆出发前往“丰镐房”。随行公安说，那边早就挤满包括蒋家族人在内的数百位民众，天不亮就守候在大门口两边，争相一睹远从台湾回来的蒋经国的儿子。当地居民在几天前已把这消息传得火热。抵达大门后，我们好不容易才挤出层层人群，待进到“报本堂”正式祭祀仪式开始时，已八点多。原本以为大陆经过“文革”，有关传统祭祀仪式已付之阙如，令人意外的，相关祭品准备得很完备，祭礼也一板一眼，丝毫不苟。我代表家人向列祖列宗灵位上香行礼之外，并宣读亲自撰写的祭文。

随后率家人行三跪九叩礼，情绪颇为激动，全家在泪水中完成认祖祭礼。祭祖之后，冒着风雨前往祖母毛太夫人、曾祖母王太夫人、曾祖父肃庵公及伯祖父介卿公等先人墓前叩拜。随后抽空到经国先生住过的“小洋房”参观，那块因毛太夫人惨遭日机炸死，由经国先生亲笔手书的“以血洗血”四个大字的石碑，就立放在客厅，任何人都会直接感受到经国先生当时的悲愤。

走回武岭宾馆的路上，就有不少纯朴的民众聚在一起很亲切向我挥手，并大声地喊：“蒋先生你好！”

“妈，我这一路走得真的好辛苦！”

我想到先母，应当尽快去向她祭告。

直飞桂林要到上海搭机，于是安排在上海停留一晚，并接受一百多位颇有分量的台商朋友在波特曼饭店的贺宴。这是一场充满情感、十分温馨的餐会，让我和家人深深体会到有那么多原本沉默的大众，会适时站出来，对我归宗的决定以行动表示支持。那晚许多在场朋友直呼我为“蒋孝严”。我在致谢辞时，受到现场气氛影响，曾数度哽咽而热泪盈眶，难以自已。当说到每个人都可以轻易地叫自己的爸爸、爷爷，我却要等到快六十岁，才能在公开场合说自己的父亲是谁、祖父是谁，眼泪就流了出来，这种苦楚，只有孝慈可以体会，而他今天却已不在世，终其一生，心愿未了，这是何其残忍的事。

我告诉在场的朋友，我这么做，不期盼什么，也没有什么要求，更不会寄望未来从蒋家分享到什么，只是想单纯地完成父母亲的遗愿，也帮助过世的孝慈和他的子女做一些事。说到这里，我早已抽泣难言，站在台上停顿良久……

第一次到桂林扫墓，是一九九四年孝慈在北京重病，我专程南下祈求先母保佑孝慈，既焦虑又悲伤。此次携妻小从溪口前来，内心更是无比悲怆。我带着妻小跪在母亲墓前叩首，告诉母亲我已前往蒋家祠堂祭拜祖先，要母亲在天之灵安息。我落着泪跟先母说："妈，我这一路走得真的好辛苦！"

方良过后才归宗

二〇〇〇年九月五日结束奉化溪口"认祖归宗"实质层面之旅，返回台北后，我即着手另一法律层面的工作——身份证"父母栏"之更正。

一九四四年五月，外婆带着我和孝慈，从江西万安到贵州铜仁县，去投靠当县长的儿子章浩若和长媳纪琛，一住就是两年。在铜仁期间，外婆和舅舅灵机一动，想出掩护我和孝慈身份的一个万全妙法，事先并获得经国先生的同意，就是对外宣称：这对双胞胎是刚从外地前来履新的县长章浩若和夫人纪琛的两个儿子，真是天衣无缝、无人怀疑。从此，原来的蒋姓便以章姓取代，学名从蒋孝严改成了章孝严。一九四九年来到台湾，在新竹市报户口时，父亲栏填的便是“章浩若”，母亲栏写的是“纪琛”，这一错就是一甲子。

一九五七年从外婆那里知道自己本姓蒋的时候，已在高中念书，立即联想到自己身份证上很重要的栏别，却是不实的登载，但也只能随它去。有好多年，别人问到有关“章浩若”的事，我还要编造一些有的没的故事敷衍一番，甚至念到了大学，我还都不敢去想哪一天我一定有本事去把它更正过来，尽管一直存有这个念头。

二十世纪八十年代初期，由于我在“外交部”的工作，媒体有所报道，我的动向也逐渐开始引起外界注意，对我奇特的身世更是好奇，而私下有了议论；当我听到这些谈论，只能装傻从不作直接回应。

有次《中国时报》驻美特派员傅建中刻意当面问我是哪一省人，说是浙江人不妥，说是江西人也不宜，我只有答复：“我出生在广西桂林。”一九八二年我出任“北美司司长”后，我和经国先生有血缘关系这桩事，慢慢在台北传开，几乎成了半公开的秘密。曾有人冒失问到“为什么姓章？”、“为什么父亲栏写成章浩若？”等很难三言两语说得清楚的问题，我只能幽对方一默，跟他讲：“你最好不要问，你所问的只是身份证上的两个栏位，我老实告诉你，我身份证上所载的内容，除了‘性别’写对以外，其他没有一栏是正确的，你要我从哪里说起？”

身份证的“父母栏”，的确困扰我很久，明知记载有误，但要改正，因牵涉范围太广，手续又繁杂，实在不知道该从何处下手。

孝慈念法律，他曾说这是一个难度极高的问题，就是经过生父认领，还需事先提出原载“章浩若”并非自己父亲的反证，栏位空出后，才能再将生父姓名填入。这是很难想象的大工程。

“正名”按部就班

我决定于二〇〇〇年八月二十三日携全家大小进入溪口蒋家祠堂祭祖，就是启动整个程序重要的第一步，也想借此行动让两岸民众看到，自该日起，我已成为“蒋家人”。就如外交领域中国际法部分，谈到“承认”就有“事实承认”（De Facto）和“法律承认”（De Jury）两种。我到溪口祭拜祖宗和祭扫祖坟，已经完成蒋家祖先的“事实承认”，对日后迈进到“法律承认”，至为重要。我很清楚，尽早“正名”是投入二〇〇一年年底“立法委员”选举时必须面对的问题；因为选举过程中，非但不能回避蒋家背景，更应作正面发挥。尽管有幕僚担心，若干选民对蒋家有些保留，但被我一口否决。我强调，蒋家是整体的，不能有所切割，蒋家的一切我必须概括承受。既然没有理由回避蒋家，我的蒋家身份当然一定要有法律的支撑。

二〇〇一年一整年，除了勤走基层，在跑完台北市南区两百二十五个里和四十多个公有市场的同时，我更抽出时间认真进行“更改身份证”的起步准备，包括搜集文件等等。我知道这件事相当复杂，不能一蹴而就。春节过后，我就和台北市政府民政局长林正修联系，想听取他专业的建议。他很客气，亲自到我办公室把申办步骤作了完整的说明。依照“户籍法”的规定，分两部分办理：一、先举证原身份证上父母栏之登载内容不实，并证明“章浩若”

与“纪琛”，仅系我亲舅舅和舅妈；二、同时举证“蒋经国”与“章亚若”系亲生父母，且生父在生前对我和孝慈有抚养的事实。看得出来，手续相当繁复，但既然势在必行，还是要抽丝剥茧、按部就班地进行。

关于“蒋经国是我生父”一事，尽管在台北早已不是秘密，而我适时在二〇〇〇年底到溪口老家专程祭祖，透过媒体大肆报道后，对此点之认定更有具体强化作用，使之能化暗为明，成为属于众所皆知的事实，日后若一定要循司法程序解决，也必定有助于审理单位采证。

二〇〇二年我进到“立法院”，曾遇到一位法学出身担任“院长”职务的朋友，他注意到我在这件事情上的坚持，特地对我说，我采取的方式极为正确，一旦我的“蒋家关系”成为像“太阳是从东方升起”一样大家共同认定的事实，以后法律上根本不会要求什么事证，验DNA都是多余的了。

王升出具证明书

我到奉化祭祖之前，去看已高龄八十有五的王升，他就全力支持我这么做，且再三提醒我，应当照着经国先生的愿望，早日认祖归宗。当我祭祖回来，告诉他我计划先行更正身份证，他更表赞成，说事实就是事实，不做是不对的。他并在四月七日出具“证明书”，证明：

一、章孝严先生确为经国先生之亲生子，母亲为章亚若女士。

二、出生后，章孝严及其双生兄弟章孝慈之有关生活费用，均系由经国先生所提供；其中若干部分，曾由本人亲自转交予章孝严的外婆及舅舅。经国先生对其亲生子女章孝严及章孝慈确有扶养之事实。

王升的证明是不能或缺的。当时我曾想，幸好他命长，若是我再犹豫几年，这张亲笔的证明书，可能很难拿到了。

二〇〇一年八月十二日，透过表弟章修纲由他母亲书面具结证实：

一、其夫章澣若乃章亚若女士之弟，一九四九年章孝严自大陆迁居台湾新竹，由章澣若代为申报户口时，误将章浩若、纪琛登记为章孝严之父母。

二、章孝严出生后，蒋经国先生不但承认其为己出，并将其托付章孝严外婆章周景华女士及二舅章澣若养育，且由亲信王升按时给付扶养费用。

我于二〇〇二年五月十日，向台北市大安区户政事务所正式提出更正身份证父母姓氏不实及生父认领事宜之申请。七月十二日与桂林市第二人民医院（原广东省立医院）联系，由该院于八月一日出具出生证明：

章亚若于公元一九四二年三月一日在我院分娩一对双胞胎（当时乳名大毛、小毛，又称丽儿、狮儿），即章孝严、章孝慈。特此证明。

二〇〇二年我携美伦首次返回南昌访问时，设法和数十年未曾谋面的大舅舅章浩若的两个儿子章修纯和章修维会晤并促膝长谈。同年八月需要他们证明“章浩若”和我只是甥舅关系时，两人即于八月九日以书面联名声明：

一、我们的父亲是章浩若。

二、章亚若是我们三姑，生前育有一对双胞胎，即章孝严、章孝慈。他们出生半年后，三姑即在桂林市暴病身亡。

搜齐以上各项文件，旨在明确证明：一、蒋经国为章孝严兄弟生父；二、章亚若为章孝严兄弟生母；三、蒋经国有扶养章孝严兄弟之事实；四、章浩若并非章孝严兄弟生父。唯独“纪琛并非章氏兄弟生母”一事，需要更明确之证明。

大舅妈毛发DNA比对

二〇〇二年九月三日我到美国访问，欢迎晚宴后，我于十时十分驱车探望睽别五十三年之久的大舅妈纪琛，她已高龄八十有三，身体尚健朗。当晚是由“驻洛杉矶办事处”的万组长和张组长陪同前往，事先也是透过他们安排，才联系上大舅妈。见面时，我已完全不认得她，但她说一眼就认出我和美伦，因为常常在电视上看到我们的报道。她说了许多陈年往事，到离开时已深夜十一点多。

离开前，我跟大舅妈说明，我正在台北办理身份证更正手续，必须证明“纪琛不是章孝严生母”，把母亲栏位空出来后，方可再填入“生母章亚若”的名字，最能被采信的证明，就是将大舅妈和我的DNA作比对，所以需要她几根带有发囊的头发回台北化验。纪琛一口答应，由美伦现拔两、三根头发，交由在场“驻洛杉矶办事处”的两位组长放入事先备妥的小信封袋并加封，然后用公文送台北“内政部”处理。当晚美伦忘了戴眼镜，她有深度近视，在拔大舅妈一两根头发时，一不小心拔了一小撮，大舅妈还忍痛只轻轻“哟”了一声，美伦连声说抱歉，真过意不去。

“内政部”接获“洛杉矶办事处”函转数根大舅妈的毛发后，

并派员到我办公室拔了几根头发，立即交由“警政署”刑事警察局进行DNA比对，九月三十日报告出炉：“经DNA—STR鉴验，确认纪琛女士非章孝严之生母。”

提出经由冗长过程始获致上述必要文件后，再与台北市大安区户政事务所和“内政部”多次公文往返，由“内政部”约集“法务部”及台北市政府等相关单位会商，复经“司法院”专案研议等慎重程序，方于二〇〇二年十月获得通知，同意为身份证之更正，全案才算确定。

台北市户政事务所原通知十一月初即可换发新身份证，但我刻意延迟一个多月，到十二月十二日才去申领，因为那天是我和美伦的结婚纪念日。

三十年前，我和美伦交往一段时日，论及婚嫁时，她才知悉我的身世。我一直对婚后未能让她成为名副其实的蒋家媳妇而耿耿于怀。当今天终能把身份证依法更正为“父亲：蒋经国”、“母亲：章亚若”时，这份喜悦当然要和美伦分享，以弥补几十年来的缺憾。二〇〇二年十二月十二日中午由“立法院”王院长出面办了茶会，既是结婚纪念，更与好友庆贺归宗的实质完成——根据身份证之更正，我可以大声说：“蒋经国是我父亲！”

坚守对孝武、孝勇的承诺

很少有人知道在领取新身份证之前，我曾要求户政事务所同意我暂时保有母姓。户政事务所在通知我换领新身份证时，原依有关规定，要求我同时改从父姓“蒋”，我基于特殊考量，并提交一份“从母姓决定书”，陈明“本人办理户籍资料父母栏更正登记申请手续，志愿仍从母姓，不改从父姓。特此声明为证。”我才得以维持“章”姓。我之所以这么做，有我的苦衷和思考。

一九八八年父亲经国先生过世后，我和孝勇和孝武两位同父异母兄弟才开始有了较多的接触。我和孝武走得更近，他不止一次主动和我谈到有关我“认祖归宗”的事，我只能说：“这是多年的愿望，但不急。”他说：“这本来就是合情合理的事，但是，可不可以等到我母亲百年以后再处理，我还可以协助。”我说：“当然！我很了解也非常感谢。”孝勇和我谈到这件事时，持同样的说法，我也表示同意。我把他们的意见当面转告了孝慈，他没说什么，只淡淡回应一句话：“都等了五十多年，还有什么好计较的。”

千万没料到，一九九一年七月三十日孝武突然过世，一九九六年十二月二十二日孝勇又病逝，而且都比他们母亲蒋方良女士走得还早。孝慈也在和孝勇同一年的二月十四过世。蒋家第三代凋零之速，令人无限感慨。我面临的环境，和几年前又完全不同了。在“归宗”这条路上有直接关系和能帮上忙的人，都一一不在了；有时深夜沉思，我真不能确定上天会特别厚爱我几年？连同年同月同日生的孝慈都猝而病逝，凡我能掌握的生命，都是上天特别的恩赐，我要自己一天当两天用，活出它的意义来。一种责任呼唤，让我在二〇〇〇年启动“认祖”的第一步，因为我不知道这件事到底办不办得成？更不知道这条路到底要走多少年？但是我会坚守对孝武和孝勇的承诺，“归宗”的完成，一定要等到他们母亲百年之后。

这是为什么二〇〇二年十二月十二日在新身份证上的“父亲”栏已改正为“蒋经国”时，但我仍要求保留母姓的原因。

蒋方良女士于二〇〇三年十二月病逝荣总，她出殡当日，为示尊重，我携美伦刻意离台，避免出席或不出席的尴尬，以及媒体的议论，而造成对她的不敬。在她老人家过世之后，我才再次与台北大安区户政事务所苏素珍主任联络，提出改从父姓“蒋”之申请。俟蒋方良女士过世满“七七”四十九天后，二〇〇四年四月十八日，我始换领真正象征“认祖归宗”圆满落幕的那张新身份证，除本人依法改名“蒋孝严”外，配偶及子女亦均得办理姓名变更登记。

我把改从父姓“蒋”的时程刻意延缓，是对蒋夫人方良女士应有的尊重，也是遵守对同父异母兄弟孝武、孝勇生前的允诺，更是对父亲经国先生的孝心。

第二章　凄凉身世泪·浇灌上进心

直到上了高中二年级，一九五八年冬天我才从外婆的口中获知，自己和一个伟大而显赫的家族有血缘关系。那时外婆年事已高且体弱多病，正是风烛残年，可能自觉来日不多，若再继续隐瞒下去，一旦或有不测而不及向我和孝慈道及“身世”之谜，她将抱憾而终。

那是一个星期天的早晨，外面下着小雨，用过稀饭后，她老人家叫我和孝慈坐到她床沿上。外婆很少吞吞吐吐说话，这次像是有好多事要讲，但总是难以启口似的。少顷，她含着泪，用手摸摸我俩的面颊，脸上虽然挂着安慰和骄傲的笑容，泪水却流了出来；她颤抖着用南昌话说：“大毛、小毛，你们总算长大了。”随后她从枕头底下摸出一张早已泛黄的照片，上面是一位灵秀端庄、带着微笑的少妇。

孤儿竟是蒋家人

过去一两年里，我和孝慈有好几次在半夜，被外婆的饮泣声惊醒。睡梦里我们偷偷眯着眼，在蒙蒙光线中看到她坐在孤灯下，用手绢拭泪，端详着一张照片，不时发出叹息。我们没敢起身，怕吵到外婆，只有重新闭上眼，缩在被窝里假装入睡，安静得只听得到自己急促的心跳声。

另一个寒冷的深夜，我们俩又听到外婆在抽泣，心中的疑惑愈来愈大，总想要安慰外婆几句，且担心外婆受凉。我和孝慈按捺不住地轻身起床走到外婆身边，为她披上那件旧棉袄，细声地要外婆不要难过、不要哭。我们不知道也不敢问发生了什么事，只有劝外婆早点睡，身体要紧。我们俩只模模糊糊听到外婆低声哭着说："……我命苦的亚若！我的乖女儿啊！"对外婆手中照片里的身影，留下了深刻印象。我鼓足勇气问外婆："奶奶，她是谁？"外婆用泪眼望着我俩，叹了口气说："等你们长大些，会告诉你们！你们乖，不要问太多……"在外婆眼中，我们还是小孩。转眼这已是两年前的事。

一九五八年的这个冬晨，外婆精神显得好些，但看起来心事重重，她拿着那张从枕头底下摸出、我们见过的照片。看到外婆伤心流泪，我和孝慈坐在床边，不知道说什么才好。沉默了好一会儿，外婆终于断断续续，指着照片说："大毛、小毛，这是你们的亲娘、我的宝贝三女儿亚若……她好命苦，你们半岁大的时候，她就死了，死得不明不白。唉，你们也够可怜了，娘死得早，接着到处逃难，你们要懂得争气，要为娘争口气，要用功读书，一切都要靠自己。你们是跟着娘姓，本来不姓章，就是你们娘死得太早才姓章，要不……"

外婆说到这，停了下来，泪流得更多，话都说不下去了。我和孝慈听到外婆这段话，怔住了，站了起来，轻轻抚拍外婆的背，要她别伤心。看着外婆流泪，我们也陪着伤心，虽然已进了高中，但真的不知道该怎么来安慰她老人家。

房间里的空气好重、好冷，像凝结成了冰似的。

“蒋经国是你们的亲爹！”

又过了好一会儿，外婆再望着我们，坚毅有力地说：“大毛、小毛，你们要争气、要用功，你们娘死得好可怜。你们本来姓蒋，是蒋家的人……你们的爹是蒋经国！他跟你们娘是在赣州认得的，后来，你们娘孤单单地跑到桂林把你们生下来，你们才半岁她就突然死了。是有人害了她……她的命也太薄、太苦了，怎么会这么短命？你们娘死后，全家好害怕，不敢对外讲，后来还是亚梅把你们从桂林接到万安，躲了一阵子，才又回到南昌……”外婆挣扎在痛苦的记忆里，抽丝剥茧地总算把几个生命中重要的环节告诉了我们。

这是外婆第一次把我们这么曲折、近乎不可想象的身世，很吃力地向我们透露，她心中长期压抑的痛苦，应当获得了些许舒缓。

当听到“蒋经国”三个字，我心中震撼不小，有说不出来的复杂，脑海里直呼“这怎么可能？这怎么可能？”那时我在省立新竹中学念书，当然知道蒋经国不仅是“救国团”的主任，更是老蒋先生的儿子。对我而言，“蒋家”是完完全全存在另一个世界里，这种事怎么会发生在我们身上？今天外婆晴天霹雳般地告诉我和孝慈：“蒋经国是你们的亲爹！”对还在念高中的孩子，心理上是何其沉重！

外婆像跌进掩埋已久的往事里，轻声地追忆："……蒋经国在赣州，每次只要有空，大多会在吃过晚饭的时候到我住的地方来看亚若，也和我聊聊天。你娘的命真苦，她说蒋经国答应她，要抱你们回去。你娘一直担心害怕你们将来在外头会受到人家欺侮，所以一直要你们回到亲爹身边……"说到伤心处，泪水像是溃了堤似的。她老人家一再重复地说："你们要好好读书，要争气！"最后她说："……我也不晓得能活多久了，等过几年你们上了大学，我再把经过多跟你们说一些。只有你们上进，有了出息，人家才会来认你们，所有的事都要靠自己……这件事以后不准跟任何人提，也不要去问别人！想不到你们娘会那么短命，你们才六个月，她就死了，她怎么放得下心……"

我和孝慈边听边陪着淌泪，只有细声安慰外婆，告诉外婆我们一定会好好用功读书，要她放心。我们握着她的手，将头靠在她肩上，祖孙三人便哽咽地哭成一团。霎时，记起刚读过李密的《陈情表》，其中有两句，"臣无祖母无以至今日，祖母无臣无以终余年"，其所描绘"孤苦无助相依为命"的内心凄凉，也莫此为甚了。我顿时感到前途一片茫茫，等到外婆有天也过世了，这世界上还有谁会真心替我们设想？还有谁真的关心我们到底能不能回到蒋家？

这一幕，距今已有四十多年，每忆及此，依旧泣然。

外婆贫病含悲逝

外婆曾因脚水肿和气喘住进省立新竹医院，但两天后就回家了。我和孝慈在下课后去医院探望过外婆，是一间摆有许多病床且相当嘈杂的普通病房。医生向舅舅提到，外婆是肾和肺有问题，需要在医院住一段时间，但舅舅只让外婆在医院住了两晚。那么快就搬回家调养，当然是住院太贵；另一个原因，是外婆和舅舅对医院早有一种莫名的戒惧，这是先母在桂林被害，对他们造成的后遗症。

外婆病情时好时坏，始终没有稳定过。从医院回到家，就改由二舅舅澣若到药店买成药回来自行医治，效果当然有限。到后来病情严重时，家里竟然连买药的钱都没有，只好向西药房赊药回来，等有钱时再一次还清。

外婆和我及孝慈，祖孙三人同睡一房，她睡单人竹床，孝慈跟我则睡双人竹床。房间很小，除了摆两张床外，只能加上一张四方形的竹桌子，上面放着一些杂物，有时供外婆生病时单独进膳之用，空间太小，连摆椅子都不够，外婆吃东西只能坐在床边上。每天清晨起床后，由我和孝慈轮流照料病中的外婆。她醒得比较早，而我们都在一大早被她老人家的咳嗽声吵醒，一起床就会将她老人家扶起坐直，用枕头垫在背后，靠墙坐起，然后递杯热茶给她喝，轻轻拍几下她的后背，她就会觉得舒服些。

一九六二年冬天的一个早上，正奇怪怎么没听到外婆的咳嗽声，还以为她病情好转而睡得平稳；可是，当我们朝外婆床上望去，却发现外婆身上盖着厚厚的棉被，居然没有随着呼吸而有高低的起伏。我和孝慈警觉情况不妙，趋前激动地叫着："奶奶！奶奶！"想摇醒外婆，却一点回应都没有，摸摸外婆的额头，居然是冰凉的。顷刻间我俩哭倒在外婆身上，可不管我们怎么哭喊，外婆都醒不过来了！她已在半夜静悄悄地离开人世，丢下她最疼爱的两个外孙。

杜鹃泣血的悲情

外婆到底生什么病过世的，不能确知，但可以确定，外婆晚年过得十分凄凉。一生中令她最伤心的，莫过于她心爱、能干的三女儿亚若竟然死得比她早，平日聪颖活泼、体健外向的她，年方三十就突然猝逝，抛下襁褓中的一对孤儿；而他们的父亲，竟然是当今的“太子”！外婆从头就反对女儿卷进这么一个深不见底的情感和政治漩涡。

她知道，她女儿为了这对蒋氏孤儿而被夺走了宝贵的生命。

她知道，她女儿曾殷切且充满喜悦地憧憬着，有一天能由自己欢欢喜喜地抱着这对稚子进到夫家。

她知道，这对双胞胎的生父曾向她女儿许诺，她会是蒋家的媳妇，也因此，亚若总是活在期待中，快快乐乐地拉拔着这对心肝儿子，孩子的父亲又常赶到桂林去陪伴她，共享为人父母的喜悦。但这段美好的日子，却没有超过半年。

她知道，平常少有病痛的女儿，只因腹泻而就医，不到几小时，居然就撒手西归，其中自有隐情。

她知道，女儿死了，唯有把这对可怜的孤儿扶养成人，让女儿在天上可以安心；但自己年事已高，恐怕无法等到亲眼看见这对外孙走进蒋家，只有再三叮咛他们要比别人认真、比别人吃苦，才会有机会靠本事站起来。

她知道，章家不过是一般百姓，和显赫蒋家情缘纠葛，吃亏的会是章家；章家只有隐忍，宁愿蒋家负我，不要负了蒋家。

她知道，这对孤儿的人生旅途，必然崎岖难行、充满荆棘，培养他们锻炼出坚毅不屈的个性比什么都重要；从小要他们咬着牙忍受生活的风霜，将受苦受罪习以为常。

外婆因女儿的不幸而受到牵连，后半生过的是万分清苦的日子。谁晓得，谁又会相信，蒋经国的“岳母”是在贫病交迫中过世，而且留下一对孤独的双胞胎，在人生道路上孑然而行？谁说他们注定会有成就？谁敢保证他们能按图索骥且排除重重障碍地找回到亲生父亲的家？外婆临终之时，是悲观的，几乎不认为那是可能实现的，但至少她教会这两个外孙要永远坚强，她女儿的死，才有价值，她自己的泪，才没有白流。在杜鹃泣血的悲情里，她的两个小外孙不仅勇往直前，而且抬头挺胸地大步迈进！

第三章　女婿是经国 · 岳母苦一生

外婆后半生，和先母与经国先生之间的情缘完全纠葛在一起，一开始就被拖累，注定要以悲剧收场。

一九四二年八月十五日母亲在桂林亡故，丢下我和孝慈，经国先生当时还在赣州专员公署，第二天就派王升告诉外婆，要她尽快从赣州赶到江西万安县，去接应由四姑亚梅与桂昌德、王制刚等从桂林护送到万安的我和孝慈。两年后，外婆又从万安县搬到贵州的铜仁，去投靠做县长的长子浩若，一九四五年抗战胜利才迁回南昌老家，过了三年太平日子。一九四九年又东渡来台。在此之前，外婆的生活原本平静而单纯，虽非优渥，至少称得上小康，不仅子女有成，且孙辈绕膝，正可悠闲地安度晚年。

军舰护送到台湾

母亲的猝逝，对外婆来说，是永远的痛，让她突然沉默寡欢，一直熬到一九四五年抗战胜利，得以与返乡和战后分散各处的家人陆续团聚，才让外婆脸上重新露出笑容。尤其亲手抚养的一对双胞胎外孙，正天真无邪地一天天长大，天下再也没有其他任何事物，能比这对双胞胎带给她更大的满足和安慰了。可是，这样的安逸岁月，又被一九四九年的巨变击得粉碎，外婆对未来的憧憬也瞬间破灭。

外婆在来台之前就有预感，往后的日子一定会完全走样，但她并不怕苦，她对“逃难”也习惯了，令她唯一忐忑不安的是这对小外孙，要远渡重洋到一座陌生的海岛，面对全然不确定的未来，他们安全吗？要怎样保护他们，才不会受到伤害？她自己年龄一大把了，也不知道要多久才能归乡？最初她对举家迁台是有保留的，她不想离开南昌，但经国先生几次派王升来劝说后，她拗不过，才勉强同意和家人再次分手、远离家园。一九四九年七月，王升弄来两部汽车，章、王两家便在酷暑大热天，从南昌一路开到厦门。章家住进一家普通的旅社，稍歇近月，才挤上军舰横渡台湾海峡，在海上过了一整天后抵达基隆港。

五月二十六日，经国先生刻意安排我们搭乘的“忠字号一〇五”登陆舰，因为装有故宫文物和中央银行的黄金，有特别的戒护，他比较放心。起锚前，他还赶到厦门上船，以巡视古物及黄金是否装载妥当为由，来向外婆道别，并看我们这对双生儿子最后一眼。外婆绝没想到，到台湾后，衣食不缺的日子只有短短几年，没多久就发生变化，不仅无法维持起码的水平，连生病都住不起医院，吃个鸡蛋成了难得的补品。相隔不到五、六年光景，原本身为县长太夫人的尊荣，转眼成空，一下子成了好遥远好遥远的往事。现在要自己洗衣、煮饭、缝衣服、做布鞋、看店面。外婆没有因为日子艰辛而怨天尤人，只在寂寞无助时刻，特别思念在大陆的儿女，尤其一想到那最善解人意的女儿亚若时，便会独自躲进房里轻声叹息和偷偷饮泣。

我依稀记得在五、六岁时，曾和外婆在南昌一起住过的那幢两层楼房的模样，前面有个小天井，坐落在南昌市章江门井头巷六号，离我念过的宏道小学很近。记忆中，整幢建筑还有些气派。

落脚新竹

外婆一到台湾，便跌进一个全然不同的环境，生活品质与以往相较，有天壤之别。加上二舅舅澣若经商失败，还会与外婆偶生龃龉，精神上难免苦闷，益发使得她怀念没来台湾的子女。

她晓得大儿子浩若相当干练，深受经国先生器重。大舅浩若曾和王永树将军同在东北共事，除了能力受到赏识外，也由于有层“妻舅”关系，经国先生指派他先后出任贵州铜仁县、辽宁法库县和江西浮梁县（又名景德镇）的县长。在南昌章江门井头巷的那幢二层楼房，就是一九四七年大舅在法库县长任内，寄钱给外婆买的。根据先母生前好友，也是在南昌葆灵女中的同学桂昌德事后透露，这一大笔钱事实上是经国先生给的，交托大舅转给外婆而已。经国先生处理先母这段感情，不仅没有避讳，而且是以负责任的态度和章家人来往。

王永树来台后曾出任“安全局”局长，有人指称，若是大舅舅能在一九四九年来台，肯定有一番作为，而我们在新竹的景况，绝不至那么不堪。原本大舅舅有意来台，只因一九四九年初前往浮梁县上任不久，不及交卸赶回南昌与家人会合，只好要妻子纪琛带着长子章修纯与女儿洛洛、铜铜，随外婆先行来台。

大舅妈纪琛的姐姐纪珍与其夫婿黑祥麟，一九四八年就从南京先抵台湾，黑祥麟在新竹机场空军第八大队电台工作，算是章家当时在台湾唯一联络得上的亲戚。这是何以外婆举家在基隆上岸后，决定未来行止时，会选择新竹市作为落脚之地的原因。一伙人还先在新竹郊区叫做“树林头”的空军眷村里挤了两个月。大舅妈的姐夫黑祥麟就是现在主持“卡内基”训练、颇有名气的武器专家黑幼龙之父。我和孝慈早年在新竹生活的状况，黑幼龙一定听过他家人提起，算起来，他和我还是亲戚。

大舅全家受累

大舅妈在新竹没住多久，生活不惯，心也不定，一直嚷着要回南昌去找丈夫浩若。后来全家搬进新竹市中央路一百五十一号的一间店面房子，两层楼一共五十坪，却住了十几个人，委实拥挤。记忆中每天生活景象，都是乱成一团。大舅妈和二舅舅澣若又没相处好，她抱怨二舅舅持家不力，对自己丈夫的生死未明更挂念不已，于是和外婆略做商量，便毅然带着三个孩子循原路回南昌。

当年大舅妈从新竹由十七岁的章修纯陪同，带着两个稚龄女儿，千辛万苦地坐船重返南昌，总算皇天不负苦心人，在动乱中和大舅舅重逢，还非常意外地发现大舅舅比她先回到了南昌。

但是，好景不长，一年多之后，一九五〇年十二月在“镇反”运动中，大舅被捕，被判了十年劳改，服刑期满后辗转从东北黑龙江的劳改营回到南昌老家。几年后，“文化大革命”爆发，一九六九年八月，他又再度以“反革命分子”的罪名受到批斗，未几，因承受不了打击，服农药自尽身亡。远在台湾新竹的外婆，因为音讯隔绝，对发生在长子浩若身上的悲惨结局，茫然不知。

陪同大舅妈从台湾回大陆的长子修纯，随即在不到二十岁的年龄，也被扣上“国民党特务”、“反革命”的罪名判刑劳改，一九八六年获得平反。

南京父子曾会面

一九四九年整个国家发生翻天覆地的大变局，老蒋先生几乎是在众叛亲离的情况下，被迫引退。美国政府更在关键时刻抽身，发表“白皮书”，使得恶化中的局势更是一泻千里；几经慎重考量，最后认定只有台湾这片土地仍可固守。父亲更在紧要关头，竟日追随老蒋先生，参与整个“政府”东迁的计划，挑起了无比重担。正是焦头烂额之际，却还能惦念到两个双胞胎儿子的安危，曾明确指示王升如何亲自妥适照应外婆带领家人尽速赴台。父亲在万般困境里，并没有逃卸为人父的责任。

父亲只知道王升陪着我们从南昌逃到了厦门，厦门之后的情况，他就不清楚了。从军舰抵基隆靠岸到选择新竹市落脚，并不是父亲的交代。当时他可能自顾不暇，就是有心也难有余力。

父亲情感浓郁，虽然母亲早逝，他总不时挂念着这对遗孤。一九四七年春，我们和外婆住在南昌，父亲突然差人带来口信，说很想念大毛、小毛这两个孩子，想看看最近的模样。于是外婆特地要大舅妈带着我们，乘火车专程到南京和父亲见面。我和孝慈才五岁，模糊的印象中，去过后来从书本上读过的中山陵和玄武湖，至于和父亲在什么地方见面？见面时父亲如何抱起我们？以及年轻的父亲长得什么样子？则是完全没有任何残留的记忆。这一段南京父子会面之行，大舅妈纪琛亲口在二〇〇三年九月三日于洛杉矶寓所见面时，向我和美伦转述。

二舅与王升不合

外婆算是经国先生的岳母，一九四九年来台，一九六二年过世，在台湾整整住了十二年。在四千多个日子里，她不仅没有因为女儿为经国先生生了一对双胞胎，而攀龙附凤地享受过荣华富贵；相反的，这一层关系带给她的，却是一连串心理上的惊吓、恐惧、忧虑和不安，以及好多年物质生活上的煎熬与痛苦。有几次在她对许多事物感到心灰意冷时，曾幽幽地跟孝慈和我说，她真想住到庙里去。外婆是信佛的，在南昌时她供拜观音菩萨，到新竹后住的地方实在人多空间小，连好好摆座观音佛像的架子都没有。当她说想带发修行，我们感受得到她内心有多苦。

初抵新竹两个月后，二舅舅瀞若一味地想要做生意以免坐吃山空，外婆拿他没办法，只有把从大陆带出来的所有首饰细软，全数拿出来变现，才勉强买下中央路一百五十一号的房子。有关费用全是父亲要王升在我们离开南昌前，交给外婆的盘缠和安家费，里面有大头银洋和黄金金条，一共勉强凑到二十万左右的新台币，买下那幢只适合做生意并不适宜住家的店面。

然而，二舅想做买卖的点子是随兴而起的，没有详细地思考或规划，而且又不在行，一路下来，不到两三年，从开委托行、卖烟酒杂货、代售《香港时报》、《青年战士报》，到开碾米厂，转行好几次，没有一件做成功，所有的钱全赔尽了并开始举债；加上他刚愎的个性，后来又和王升不睦，还和当时唯一的表叔周仲超闹翻、吵架，甚至于对簿公堂。周仲超是外婆的亲侄儿，外婆要我们喊他表叔，当时他官拜陆军上校，穿上军装来到新竹时显得非常神气，《新新闻》杂志社董事长周天瑞就是他长子。

表叔周仲超曾经在一九五四年带天瑞、天玮两兄弟，到新竹来向外婆拜年。天瑞和我是有血缘关系的亲表兄弟，小时候见面的情形，相信他会依稀记得。当时我念初二，他比我们小几岁，可是他们的衣着很光鲜体面，还穿着皮鞋，比我和孝慈好多了，令我们心生羡慕。上校军官的生活在当时至多只属中等，但和我们在新竹过的日子相较，就风光富裕多了。天瑞、天玮两兄弟就像是大城市里孩子的典型，我和孝慈反倒像是乡下小孩。外婆对于有这么一位上校侄儿，颇觉骄傲，且军官有固定月薪，经济状况看来就宽松多了。

二舅和王升之间，在上世纪五十年代中期就无法相处，后来几乎停止了交往，原先父亲透过王升过年过节一年三次送来的生活费用，也因此中断。于是，在日子几乎快撑不下去时，二舅只好硬着头皮向表叔周仲超伸手借了一万一千元应急，这在四十多年前也不算一笔小数字。根据外婆说，二舅曾每月支付一些利息，可是当借款到期，展延了几次仍无法还钱，后来连利息也止付了，为此，表叔还来过新竹讨债。由于无法解决，和二舅发生过口角，当然不欢而散，随后二舅被告到法院。当然表叔也是克勤克俭才会有点积蓄，看在和外婆这一层难得的亲戚关系上，才冒险将辛苦钱借给二舅，却没想到后来会血本无归，他的激烈反应是可以理解的。但对外婆来说，夹在一个事业有成的侄子和一个举债度日的儿子中间，真是苦不堪言，难怪外婆会有到庙里去住的念头。

“难民岁月”焠心志

二舅舅来到台湾时，和不少其他外省乡亲所持的看法一样，对于住在台湾，都认为只是“暂时”避难性质，就像抗战期间躲日本鬼子一样，从一个城市搬到另一个城市，顶多住上三年五年，最长十年八年，很快就可以重回老家了。他来台之初，根本没有久居之念，连购置家具都以“应急”为先，愈简单愈好，最好是买一些用了一段时间便可以弃置而不觉可惜的东西，以免不久之后要回大陆时带不走。他只准买所谓“第一优先”的生活必需品，凡是比较贵一些的，都成了不予考虑的“奢侈品”。依此逻辑和界定，在新竹家里所用的物品，其简单和简陋就可想而知了。

“逃难”一词，也给了二舅舅很好的说辞与借口，用来解释为什么我们家不能和本省籍的左邻右舍在物质水平上看齐。因为我们不久是要返乡的，住在新竹就像暂住旅馆一样，同时可以借此用来对他没有赚钱的本事做很好的掩饰。常常听到他挂在口头上的一句话就是：“现在兵荒马乱、国难当头，大家都要节衣缩食，一切都要简单。”这句话，他讲了几十年。

因此从一九四九年我进新竹东门国小念小学三年级，到一九五九年自新竹省中毕业后，十几年当中，家里所谓的家具，就只有两张竹桌子，一张放在楼下作餐桌，一张放在楼上堆放东西，加上六张竹椅、两张藤椅；两张竹床，一张外婆睡，一张我和孝慈合睡。全家的家具，仅此而已。二舅一家人，更全部挤在一间三、四坪左右大的榻榻米小房间里，省掉了桌椅、床铺。至于沙发、电风扇、电熨斗、收音机、吹风机等等，当然是二舅口中的“奢侈品”，不用去想、也不会去买。

后来，二舅舅不幸得了青光眼，由于他对医院和医生根深蒂固的恐惧与不信任，而延误了就诊，导致双眼全瞎，直到二〇〇一年过世。临终前，他内心会不会还在奇怪这次“逃难”，怎么会这么久还没结束?

连浴室都没有的窘境

二舅舅工作无着，一事无成，孩子却接二连三地生出来，他后来一共有四子五女，共九个孩子。在新竹中央路上，全家人数最高峰曾达到大小十三口之多，而只有一个自来水龙头可以用。光要解决每天一大早洗脸刷牙的问题，就颇费周章，后来只好各自分别用脸盆、水壶等盛水，用痰盂来接漱口水解决。

另外，整幢两层楼的房子，只有楼下一间木板钉成的蹲式简陋茅房，如果不用几个夜壶，是没有办法解决这样多人的如厕问题。每隔两个星期，还要找专门挑粪的乡下农夫，推着水肥车来挑走快要外溢的粪便，事后这位农夫好像会支付五块钱给二舅，可能是买水肥的费用。每当这位晒得黝黑来掏粪的老农夫出现时，整幢屋里至少一个多钟头会臭味熏天，久久不散，连路人都要掩鼻而过。

我们连一间所谓的浴室都没有，孝慈和我只有在靠屋后的厨房旁，将原来装肥皂用的空木箱一个个堆起来，做成简易的隔间，这些小木箱原是二舅在卖烟酒和肥皂等杂货时剩下来的。要沐浴时，就把一个铝制的洗澡盆，摆在两排堆得一个人高的空肥皂木箱背后，然后用水壶倒进冷热水冲匀，人就坐到里面洗澡。一九六一年初，在“救国团”任职的宋时选，有天突然到新竹来看外婆，曾亲眼看到我们那间简陋的浴室，他真的吓了一跳，不敢相信自己的眼睛，直说那两排空木箱堆那么高太危险。他做梦都没想到，我们的日子会过得那么糟。

那十几年所过的日子，真只能用“难民生活”来形容。经过了那段人生路程，再怎么样清苦的日子，都难不倒我，对任何低劣的物质条件，我都会很快适应而甘之如饴。同学们都觉得当兵很苦，在成功岭的预官训练期间，很多同学叫苦连天，但对我来说，比起新竹的状况不知道要好多少倍，有餐厅用膳、有床铺睡觉、有浴室洗澡、有干净的厕所如厕，我倒觉得真是一种难得的享受。

二舅的几个孩子，当时分别在小学、国中念书，比我小八、九岁，都已有了记忆力，包括现在创业有成的两个表弟章修纲和章修绩，以及考取律师的表妹章修璇等，都是一同走过这段艰辛路。修纲和修绩是台北医学院药剂系毕业，白手起家，和同学一起创设“瑞安药厂”，目前分别担任董事长和总经理的职务，业绩不差；修纲还是“生宝脐带血公司”的董事长，在开发脐带血的领域里，已是首屈一指。他们都很清楚地记得这段不堪回首的岁月。

外婆未曾找蒋家接济

宋时选一定不会把那天亲眼看到的惨状，向父亲报告，因为他不敢。假设父亲真的晓得两个流落在新竹的儿子，竟然会三餐不继地过了好几年，他该会怎么想？又该会多么自责？他一定会气得去严词责备王升或宋时选。这种生活上的困顿，一直到我和孝慈大学毕业服完兵役，搬离新竹，有了自立能力后才渐次告结。

二舅后来由于沉重的债务，只好把中央路的房子贱卖掉，先搬到城北街，最后迁到郊区靠近青草湖的明湖路，但是景况不仅未见改善，更由于眼睛失明而每况愈下。修纲、修绩几个表弟妹们，持续受了好几年生活上的折磨，幸好他们均知努力，天资又不错，大学毕业后因为没钱出去深造，就决定在台北创业。相信直到今天他们回想起过往种种，一定仍有不少感慨。

外婆在二舅与表叔因借款而兴讼期间，可以说心都碎了。也就是在那段时间，我们会常在半夜被外婆的起床声吵醒。外婆有坚毅的个性，她始终咬着牙在苦难中撑下去，我没听过她说过任何一句话要二舅舅去台北找蒋家接济帮忙。

外婆从南昌到新竹，像是刹那间从云端跌落下来，在这新环境里，不仅语言不通，习俗有异，少了昔日的亲朋好友，更没有专门服侍她的佣人。外婆幼时念过私塾，知书达礼，缠过小脚，思想保守。在大陆时，虽非大户人家，至少日子还过得去，现在却要抛头露面地照顾店面，而且是卖杂货、摆香烟摊和委托行，对年逾花甲的外婆来说，委实难堪，她还是努力去适应。外婆曾建议二舅舅以大专毕业的学历，凭本事去考公职，找一份固定的薪水，家计才能稳定，在当时台湾大专生尚不普及的情况下，应非难事。但二舅舅对重拾课本兴趣缺乏，执意开店，却愈做愈赔，最后负债累累，又和王升不睦，才让整个家庭陷入愁云惨雾当中。

隐姓埋名的日子

外婆为了把我们拉拔大，付出了所有心血，让我们在成长过程中没有欠缺过亲情的爱，或感受过是没有爹娘的孤儿。念国小时，外婆曾叮咛我们若是有同学问到，怎么没见过你们的爸爸妈妈时，就说爸爸当县长，还在大陆，现在生死不明，别的就不必多说。同学们对外婆传授我们编造的说辞也不觉有异，因为当时在同学当中，有不少的家庭也是这样支离破碎，对这种讲法早就见怪不怪了。

到新竹住定后，二舅舅为我和孝慈到市公所办理户口登记，使用的学名是“孝严”和“孝慈”，但仍沿用“章”姓。另外把孝慈和我的年龄刻意拉开相差一岁，孝慈登记的一九四二年出生是正确的；我则多报了一岁，为一九四一年出生，旨在蒙混外界，不要把我们看成是双胞胎。刚到台湾时，有关户籍的申报，由于制度不完备，登录的内容很马虎，根本不需缴交证明文件，随意填写即可。

必须刻意借由“不实登录”的方式，来掩盖若干事实的做法，可以看出外婆和舅舅内心的压力有多大，真的深怕“蒋家关系”会让这两外孙受到无辜的伤害。出于这种无以名之的恐惧，章家大小在新竹过的是一段隐姓埋名的日子。

再不见“女婿”身影

外婆最懊恼的，应当是在她最需要帮助的时刻，却不见父亲的身影。一九四一年前后，在赣州时还能常常和他碰上面，父亲时常会从行政专员公署走到相隔才六百米之遥的章家去看亚若，进门后都很礼貌地喊她一声“伯母”，并且请安。外婆搬到万安县之后，父亲还在一九四三年千里迢迢地去探望过她和两个双胞胎。一九四九年在厦门军舰上向外婆道别，是最后一次见面，此后父亲就再也没在她眼前出现过了。外婆虽然读书不多，仍是明理之人，当然知道他担负的责任愈来愈重，处境也日益困难；但是外婆的痛苦处境，身为“女婿”的经国先生竟被完全瞒住，直到贫病而终，都未再见面，她就是有话想跟他说，也只能抱憾九泉了。

二〇〇三年九月，我曾偕美伦专程前往赣州参访。这是先父母定情之地，一草一木在我眼中均别具意涵。我们专程去到父亲工作长达六年的行政专员公署，地址是米汁巷一号，全幢大楼只剩下面街的一扇大石门；随后驱车到他和方良女士、孝文、孝章一家人住过的小洋房旧居，维修得不错，保持了原貌。

在我的提议下，台办系统人员另外陪我去到一九四〇年，外婆和先母居住过的那幢坐落在“大开新路四十三号”的两层楼民宅。当天路口围了不少闻风而来的好奇民众，因为他们听说蒋经国的儿子今天会出现。在人群中，有位五十来岁个子瘦小的中年人，突然挤出人群走过来很兴奋地要和我握手，我并没有让维护安全的公安人员阻止他，他自我介绍姓王，是原来这幢民宅所有人的儿子，他很激动地跟我说：“我爸爸在世的时候，是你外婆的房东……我爸爸好多年前还偷偷地跟我说，你父亲蒋经国从前每隔一段时间，就会到这里来看你母亲和外婆。”

赣州很多人都知道，六十年前母亲在专员公署上班和到“青干班”受训期间，曾到“蒋公馆”去帮忙照顾过孝文、孝章，而且教他们认字，也教过方良女士唱平剧。到今天赣州老一辈的还在谈论着。

被遗忘了的“贵族”

外婆一家人在慌乱中来到台湾，父亲和章家的直接联系就愈来愈少，有关生活费用的提供，完全假手王升和宋时选，曾任“救国团”主任的李焕先生反倒没有参与。

外婆在新竹过世一个星期后，王升穿着军装到新竹来，在家里十分简陋的灵堂行礼，并转交一小笔治丧费用给二舅，仅此而已。他鞠了躬交代几声，留下一包钱，就离开了，未做多留，显然和二舅舅间的嫌隙依旧。

外婆走在人生道路尽头的最后几年，就像是一个被遗忘了的贵族，不仅昔日光环全失，一度还要在饥饿和生死线上挣扎。父亲对她如此凄凉的晚景，竟未能为力。外婆生前虚有不可一世的“女婿”，到头来没有沾到一丝荣耀，反而被打乱了原本纯朴的生活节奏，一下子被推落到一个她永远不能理解的政治黑洞，让她在迟暮残年、病痛缠身时，连医院都不敢住，药也买不起。经国先生的“岳母”，就是在凄风苦雨里，忧郁而终的。那些早年就晓得外婆茹苦含辛所抚养长大的双胞胎，就是经国先生亲生骨肉的乡亲们，怎么会相信章家的境遇，竟然会如此曲折和凄凉?

第四章　母亲的悲苦·坚贞的爱情

不止一次为了母亲的死因不明，我和孝慈相对唏嘘。

最初感受到母亲并非自然死亡，是在外婆告诉我们身世的那晚。外婆一口气说出许多难以置信的往事，当她吞吞吐吐地说到："……纪琛只是你们的大舅妈，亚若才是你们的亲娘……"时，她再也无法抑止长年累积的哀伤，掩面而泣，痛苦地喃喃自语："……我的心肝女儿亚若才是你们的亲生娘，但是她死得好惨哦，你们一定要为娘争口气！如果亚若还活着，日子不会这么苦，你们要争气哦……"

我流着泪追问外婆，母亲是怎么死的？外婆难过得直摇头，只重复地哭着说："……你们娘死得好惨哟！死得好惨哟……"

桂林医院奇猝死

一九四二年八月十五日上午，母亲在广西桂林医院暴毙时，外婆一家人远在江西赣州，毫不知情。

母亲出事当天早上，从丽狮路住所前往省立医院就诊，到被推入太平间的整个过程，有三个人很清楚：四姨妈亚梅、母亲生前好友桂昌德（又名桂辉），以及专程到桂林陪母亲的大姨妈懋兰。她们都到过现场，事后也分头详尽地向外婆转述，但她们对母亲的真正死因，莫衷一是，更未敢言明系由何人主使。亚梅阿姨甚至怀疑母亲的死，桂昌德有所参与。

事隔五十年后，二十世纪九十年代初期大陆对外开放，桂昌德可能听到此一传言，特地出面否认，并设法和孝慈取得联系。她对外宣称自己是母亲弥留时唯一陪同在侧的人，只有她知道母亲的遗言，想转告我或孝慈。我因公职在身，无法前往大陆；孝慈后来以大学校长身份，于一九九三年到大陆时，桂昌德已过世，但见到了她年迈的丈夫吴鹏。

吴鹏向孝慈说，他太太生前念兹在兹的，就是想要告诉我们，母亲在桂林扶养我们半年多的日子里，每天挂在心上和挂在嘴里的，就是怎样让这两个孩子回蒋家，交由父亲经国先生亲自教养。母亲还说，经国先生非常孝顺毛太夫人，一九三九年十二月获悉毛太夫人不幸被日机炸死，悲痛逾恒，连夜赶往溪口料理后事，还手书“以血洗血”四个大字，并刻石立碑以明志。事后，他返回桂林告诉母亲，原本一直计划要带母亲去溪口拜见毛太夫人，却遇此变故，天人永隔已无法如愿，内心很歉疚，所以特地从溪口带来一床毛太夫人生前亲手缝制并绣有鸳鸯被面的丝棉被，交给母亲作为纪念，以弥补心中的愧憾。

母亲把这一段经国先生的心事，告诉了桂昌德和四姨妈亚梅，桂昌德后来透露给丈夫吴鹏，吴鹏也就在和孝慈见面时作了转述，但他只字未提母亲过世的原因。

桂氏兄妹同照料

母亲在赣州怀孕后，照父亲的提议，由桂昌德陪同前往大后方的广西桂林待产，以避人耳目。抵达桂林的安顿事宜，全由省民政厅长邱昌渭打点，连在丽狮路上的栖身之所，也是由他觅妥。邱昌渭太太周淑娟女士后来移民美国，后来有人向她打听桂林往事，她证实说："……蒋经国写亲笔函给毅吾（邱昌渭之号），拜托他必须照顾章亚若……"

桂昌德原是母亲葆灵女中的要好同学，又很意外地在赣州异地重逢，交往就更加密切，几成莫逆，这是为什么母亲在赣州怀孕搬往桂林待产时，会要桂昌德陪同前往的原因。经国先生还为桂昌德事先在桂林安排了一份工作。

四姨妈亚梅告诉外婆，母亲生病当晚，是从外面用餐回来，回家途中就曾呕吐。正巧那几天大姨妈懋兰从贵阳赶到桂林做伴，母亲生病当夜，懋兰也在场。她看见母亲从外面回家进门时就跌跌撞撞，路都走不稳，而且脸色苍白，嘴角上还有一小块饭菜残渣，显然先前呕吐过。懋兰阿姨原以为母亲喝醉了酒，走近身边却闻不出酒味，所以并非酒醉，而是得了急病。母亲进房后，她便急忙在屋内找出"济众水"、"万金油"等成药给母亲服用，总算熬过漫长的一夜。

第二天清晨七点多钟起床后，母亲再次呕吐并腹泻，匆忙间决定到省立桂林医院看诊，同时通知桂昌德前来，由她搀扶母亲前往，亚梅阿姨则留在家里照顾双胞胎。懋兰姨妈后来跟外婆说，她才到桂林不久，因为自己身子也有病，另外看不出当时二妹的病情有那么严重，所以便在家里帮亚梅照顾孩子。她怎么样都想不到，二妹竟然就此死在医院里，头都不回地丢下两个心肝宝贝。要是她看得出任何妹妹亚若的病会有生命危险的征兆，无论如何她也会陪同着去的，而且一定还要抱着这两个可怜的孩子一道去。

母亲是上午近九点步行到医院，手续办妥后，原本精神略见好转，住进单人病房，还和桂昌德与闻讯赶来的桂昌宗两兄妹聊了不少话，谈到“大毛小毛的教养和总要归宗”的事。桂昌宗是桂昌德的哥哥，留学日本，返国后投入抗战，不久和许多青年一样辗转到赣州“青干班”追随经国先生。母亲在桂林的生活费用，是由桂昌宗负责定期从赣州汇交，后来经国先生干脆也把他暂调桂林工作，就近负责照料母亲。

神秘的王姓医师

桂昌宗和桂昌德两兄妹事后分别向懋兰和亚梅阿姨转述，那天上午母亲在病房稍歇之后，有位王姓医师由一位护士推着药车陪着进来，说是要为母亲打针，也没说是什么针，或是母亲害的是什么病，直接撩起母亲的袖子，就扎进左手腕血管，打完针随后一言不语地迅即离去。几分钟后，母亲还在用右手按着左手打针处，突然觉得天旋地转，眼前漆黑，叫了一声：“不好了，我什么都看不见了……”随即昏了过去。

在旁见状的桂昌德急着大声嚷着要那位姓王的医生回来，一会儿来了好几个医生，七嘴八舌地围在母亲病榻前，但那自称王姓的医生已不见踪影。其中有位大夫要桂昌宗去买冰块，说是病人体温太高，需要冰块。桂昌宗随即上街去找冰块，半个小时左右回到病房时，气氛已完全不对，几位医生正在为母亲进行抢救，医院院长杨济时闻讯也赶来现场，并且交给他和他妹妹一张病危通知书，说母亲是“血中毒”；未几，即宣告急救无效。母亲就这样孤零零地，没有任何亲人在旁的情况下，孤独地走了、含冤不白地走了、对两个稚儿放心不下地走了！

从母亲进到医院，一直到临终，都没有亲属在场。当懋兰和亚梅阿姨接到电话后，才从家里心惊胆战地急忙先后赶到医院，但母亲已被推进了停尸间。

恐惧上医院

到底什么是“血中毒”？又为什么好端端地会“血中毒”？毒从哪里来？医院没有人作进一步的解释。当时在桂林陪伴母亲的两姊妹，都是二三十岁的妇道人家，没有人懂，也没有人敢去问，“血中毒”是母亲患的急病所引起的并发症？还是由于那位自称姓王的医生打了“那要命的一针”造成的？

我记得小时候外婆和二舅都曾很认真地叮嘱我们，不要在外面随便打血管针，二舅还说，如果把空气注入血管就会要命的。是不是他们探听到母亲就是被自称王姓医生的人注入药剂或大量空气而死亡？我问过一位刘姓内科大夫，是我竹中同学，关于空气注入血管的问题，他肯定地说只要注入五至十CC进入肺部后，就会阻塞血液循环造成缺氧死亡。外婆与二舅的恐惧不是空穴来风，这反映出他们相信母亲是在打针时被害，但不能确定被注入何种毒液，连注入空气也在他们怀疑之列。

四十年后，当时在桂林任职广西省卫生处处长的翁文渊，被问到母亲可能死因时，就质疑说，当时桂林医院的设备和杨济时院长等医生，依大后方的水准，都算是一流的，怎么会无法救治看似罹患急性肠胃炎的母亲？又怎么会送到医院不到半天，就猝然而逝？他说，当然有问题。其他在桂林事后闻讯的人，均表示难以置信。但是，没人敢公开作声。

母亲系被害身亡，我早有所感。从小就觉得外婆和二舅对医院有莫名的恐惧和对医生强烈的不信任等异常行径；在念中学时，就感受到他们长期被母亲在医院被害的阴霾所折磨，甚至害怕那些害死母亲的人，为了“斩草除根”，迟早会赶来新竹趁机谋害这两个孩子。从懂事起，我和孝慈就察觉到外婆和二舅在日常生活中，严重缺乏安全感，天天活在随时有被人加害的疑虑当中。

为爱情付出代价

母亲被诊断死亡后，很快便被推进太平间。在家里照顾我们的懋兰和亚梅阿姨，被这突如其来的死亡信息，吓得目瞪口呆、手足无措。懋兰阿姨还是鼓足勇气，赶到医院见了母亲最后一面。等她哭着回来后，亚梅阿姨也才单独赶到医院，看到断气多时的母亲竟然已静静地躺在太平间，怎么也不敢相信，早上她还可以自己走到医院看病，中午就宣告不治。懋兰阿姨真的吓坏了，深信这是一桩谋害，有不祥之感，连夜收拾简单衣物，一声不响地离开了不平静的桂林，丢下亚梅阿姨一人看顾这对没爹没娘的双胞胎。

亚梅阿姨后来带着我和孝慈赶到万安，一见到外婆，就抱头痛哭，进到房内哭诉说，三姐死得很凄惨，到医院太平间看到她露在床单外的脸和手臂，都呈深褐色，几近黑色，一定是被毒死的。精明能干的三姐是她的偶像，平日生龙活虎、身手矫健，怎么会一下子工夫，就冰冷地躺在太平间？当场既难过又害怕地号啕大哭起来。她跟外婆说，她一个女人家，无亲无故只身在外，又能怎么办？外婆听到这些，真是伤心透了，很后悔没有及早阻止亚若和经国先生交往，她告诉亚梅阿姨，她预感早晚会出事的。

一九三九、四〇年，经国先生在赣州专员公署，每隔一段时间都会出其不意地造访外婆，主要还是去看母亲。有次外婆和邻居正在客厅玩小麻将，住在一起的小孙子修纯从门外匆匆地跑进来说："阿哥来了！阿哥来了！"外婆还连忙把麻将牌藏起来，因为父亲在赣州雷厉风行，禁烟、禁赌、禁娼，连麻将都不准打，外婆也不能例外。"阿哥"是外婆、母亲等家人在父亲背后对他的称号，是源于母亲私下对父亲的昵称；另一个较为不雅的封号叫"麻子"，则是家人发觉他鼻头上有点凹凸不平而取的谑称，也多少反映出，外婆对已有家室的蒋专员和女儿交往，一开始就不以为然。

母亲速下葬

父亲于一九四二年八月十五日晚，接到民政局长邱昌渭从桂林亲自电话报告母亲业已过世的噩耗，至为惊愕与悲伤，但又不敢形于色。父亲接受王升的意见，要外婆一家迁到比赣州还偏远落后的万安县去。第二天即派王升前往开新路，劝说外婆尽速搬离赣州，到一个完全陌生且单纯的环境，去抚养这两个孤儿。王升告诉外婆，如果一家人仍然留在赣州，假如把这对六个月大的双生子，从桂林带回来交给外婆抚养，对她来说当然方便很多，但一定会惹来闲言闲语、蜚短流长，何况父亲和方良女士及孝文、孝章也住在赣州，必然纸包不住火，迟早会引起外界议论，对父亲会很不利，这是无论如何不可以的，必须快速远赴万安县去躲一阵子。父亲要王升交给外婆一笔款子，并且为刚从商专毕业的二舅澥若在万安县税捐处安排了一个主任的职务，要他从南昌赶去万安当家。

就在这样别无选择的情况下，外婆连街坊邻居都没辞别一声，收拾行李就上路了。先前王升建议父亲安排母亲只身到桂林去待产，现在又要外婆迁到偏僻乡下去扶养两个孙儿，理由只有一个，无非都在掩人耳目。母亲为爱情付出的代价太高了，外婆受到的牵连，更超过她所能负荷。

同时，父亲随即指派办公室亲信王制刚漏夜赶赴桂林，和邱昌渭研商母亲的善后事宜，还找了一位风水先生，在桂林市郊，漓江东岸马鞍山西侧，名叫凤凰岭的地方，景色极为秀丽，将母亲匆匆安葬，墓碑上刻有“章亚若女士之墓”，以及“不孝子蒋孝严蒋孝慈泣叩”等字。当天没有通知母亲生前在桂林的故旧好友，除了桂氏兄妹、王制刚和邱昌渭的几个部属等少数知情人士外，就只有亚梅阿姨在大热天六神无主地抱着这对半岁大的孤儿到场送葬；墓碑上所刻的文字，就是亚梅阿姨告诉外婆的。

后事处理完，王制刚便一路护送亚梅阿姨，与桂昌德和我们前往江西万安。一路长途跋涉，经过湖南和广东边境，才抵达比赣州更北边的万安县，比外婆和二舅他们晚到了两天，外婆急坏了，以为路上发生了事故。亚梅阿姨见到自己母亲后，不仅悲痛地告诉外婆：“三姐是被害死的！”还偷偷跟外婆说：“桂氏兄妹和母亲的死亡有关。”因为母亲最后一晚是由桂昌德陪同出去吃晚饭，饭后即感不适，也是由桂昌德送回家；母亲撑到第二天清晨，仍然是由她陪伴就医，随后其兄桂昌宗赶到医院陪伴，未几，即告出事。这四五个钟头当中，只有桂氏兄妹全程参与，后来所谓一位王姓医生如何为母亲打针的经过，也都是桂氏兄妹片面描述。

外婆默然承受

母亲从病发到命绝气断，前后只有五个小时。外婆惊悉女儿死讯，明知事出有因，但以章家绝对薄弱的家境以及社会现实来说，若要追究，全然无力。内心的冤屈，只有往肚里吞。外婆在赣州接获爱女在桂林死亡的噩耗，已是事发后一天。

但是，眼泪还来不及擦干，父亲就指派王升由行政专员公署专程登府劝说，要她尽快举家搬离赣州前往四五百里之遥的穷乡僻壤——江西万安县，去和分头把我与孝慈连夜从桂林送到万安的亚梅阿姨等人会合。真是无法想象外婆需要多大的忍耐力，丧女之痛未及平抚，又要她马上挑起独力抚养两个遗孤的担子！

外婆事后听到女儿惨死经过的叙述，内心的悲恸、矛盾、挣扎与打击，何其之重，但她选择坚强默然地承受一切。她有无比的痛楚与不甘，但为了女儿，无论如何要把这一对原本就不足月的早产儿带大。况且，这两个孩子的生父又是蒋经国，压力之大，非常人所能想象。她从不想要高攀什么名门世家，只祈求菩萨保佑，等这一对外孙稍微长大后，能够回到生父家，对死因离奇的女儿来说，才有交代，女儿也才死而瞑目。

外婆坚韧的个性，对我和孝慈人格塑造有莫大影响，刻凿出深刻的痕迹。她把我们训练成从小到大不仅凡事可以逆来顺受，遇到挫折或打击，决不退缩，更学会在跌倒时，含着泪水笑笑，爬起来挺直身子，掸掉身上的尘埃，转而勇猛向前，不仅抓住新希望，更要打造未来。“希望”只属于乐观进取而有自信的人。这种积极态度，成了我和孝慈在遭遇逆境时的一种本能反应。

是谁杀了章亚若

外界对母亲的死亡，有不少穿凿附会的推测，近二十年来坊间有不少专著和文章作不同角度分析，归纳起来，不外将元凶的关连指向四个方面：一、祖父；二、父亲经国先生；三、军统局特务；四、父亲死忠干部。

蒋中正：亲自取名孝严、孝慈

父亲从年轻起，就至为同情生母毛太夫人的处境，曾和祖父之间有过间隙。一九二五年到一九三七年在前苏联留学和充当人质的十二年期间，一度对自己父亲作过公开批判。但自莫斯科返国后，原先对祖父的误解才逐渐烟消云散，转而极端孝顺；终其一生，他对自己父亲的孝顺，诚非一般为人子者所能比，父子情感之浓，从《风雨中的宁静》一书即可窥知一二。

父亲在赣州与母亲相知相爱之初，暂时瞒住了祖父，但祖父对一九四二年母亲远赴桂林产下一对双胞胎的事，则知之甚详。父亲身旁有祖父的眼线是极自然的事，根本不是秘密。

母亲曾要父亲尽快将身怀蒋家骨肉一事禀报祖父，并要求接纳。父亲于一九四一年十月为此专程前往重庆，伺机作了禀报。返回桂林后他非常兴奋地跟母亲说，祖父对整件事表示了解，而且很高兴又有了两个孙儿，并立即按照家谱排辈亲自取名，一个叫“孝严”，一个叫“孝慈”，涵义是一个“孝顺父亲”，一个“孝顺母亲”。母亲闻此，至为快慰，毫不犹豫地照着祖父的意思，为我们取学名为“蒋孝严”和“蒋孝慈”。母亲也很兴奋地把这个过程与喜悦，和在桂林帮忙的大姨妈懋兰和四姨妈亚梅分享，并且告诉了远在赣州的外婆。

祖父不仅接纳了母亲，更欣喜获得一对纯中国人血统的孙儿，而亲自取名。祖父与经国先生父子情深，且又欣然接纳了这对孙儿，但外界不察，却凭空臆测指称因祖父顾虑到父亲的政治前途，而下令派人向母亲下毒手。另有不明就里的人宣称，祖父对整件事，完全被蒙在鼓里，若果真如此，则更没有任何逻辑推论，他会以血腥手段杀害一个无辜弱女子了。

蒋经国：蒋章风云不离、情深意浓

父亲是个用情很深的人。

一九八八年元月父亲辞世后，秦孝仪院长多次约孝慈和我到他布置典雅的台北故宫办公室，除了安慰我们，还说了些封尘多年、鲜为外界所悉之事。他说，父亲在过世前两年左右，糖尿病日重，常感不适，有一次连发高烧数日，睡梦中居然断断续续喃喃地喊着：“亚若！亚若！”在身旁负责照料起居的孝勇，完全不懂是在喊谁，又不敢问父亲，等过了一阵子，实在按捺不住，便面询秦孝仪，秦孝仪才就其所知的，把有关赣州与桂林的事告诉了孝勇。

父亲和母亲共同生活的日子尽管不长，但情感极深。外婆、舅舅、姨妈等亲人，以及曾和母亲在赣州与桂林交往密切的几位同学，如王升、萧昌乐、桂昌德、倪豪、王蕙莉等人，每谈到父母亲过往的片段，无不称羡父亲对母亲用情之深之真，超乎想象。母亲怀有身孕后，恋情渐渐公开，动身到桂林待产之前，经国先生还约了一桌亲信在饭馆设宴，为母亲饯行。母亲曾告诉大姐懋兰，一开始就理解到和父亲的爱情是有风险的，或许会付出相当代价，万一要有所牺牲，她也心甘情愿。

父亲过世前一年，一九八七年五月三十日上午九时三十分，我到台北故宫去看秦孝仪院长，因为接近端午节，特别托他转送父亲我到法国访问后带回来的一条领带贺节。那天他谈性很浓，说到在不久前单独到七海官邸去晋见父亲，父亲心情看来蛮好，忽然有点激动地跟他提到赣州的往事，并且说母亲和他之所以在一起，除了男女私情的相互倾慕外，母亲更看到父亲并无纯中国血统孩子之后，而愿以身相许等语。那天秦院长强调，他之所以说出这一段，是想让我晓得，母亲对先父有一种情操，是不止于男女私情而已。

父母亲在赣州曾私下取了亲昵的小名，父亲自称“慧风”，母亲则自称“慧云”，取“风云际会”、“风云不离”之意涵，情深意浓。一九五八年我念高三，在新竹家中不经意地看到一封二舅舅澣若用毛笔很工整写好、摊在桌上尚未寄出的一封信，内容大意是报告家里的近况，并且希望早日拨下生活费用等语。这封信一开头写的是“慧师吾兄钧鉴……”，信封上的收信人却是“退辅会蒋主任委员经国先生钧启”。当时我纳闷不解，数十多年后，才理解到“慧师”指的就是经国先生，这也证实了父母亲之间确曾以“慧风”、“慧云”互称。这是一段纯净而浓密的情感，母亲一定是后来也将此一私密告诉了外婆、舅舅和姨妈，所以到台湾后，二舅舅写信给经国先生时，才会用外界鲜为人知的别号“慧风”，并为示尊重，则以“师”称之。

二十世纪八十年代，当我和经国先生的父子关系，在台北不再是秘密后，有次遇到长期追随经国先生并担任机要秘书多年的王家骅，他告诉我，的确在办公室收到过好多封二舅舅直接寄给经国先生类似的信件，除了少数几封转交王升外，其他的都很难处理。

先父母相爱逾恒，但却有人指称经国先生为了保护自己，而遣人加害母亲，这是一种想当然而毫无证据的推论，更昧于经国先生对母亲用情之深的事实。若真要狠心下手，实在无需等到桂林产子之后了，何况人工流产当时已非难事。外婆、舅舅和姨妈等家人只要提到赣州的事，无不表露对母亲冤死的悲痛和气愤，但是他们从来没有在我和孝慈面前表示过对父亲的任何不满或暗示性的怀疑。假设外婆认为母亲被害与父亲有涉，就绝不会要我们争气，为的是有天能回到父亲身边。

有若干研究历史的人推演，举证父亲在铲除政治异己上心狠手辣，要去除一个弱女子，应是易如反掌云云。但是，母亲除了是个弱女子之外，更是他唯一流着纯中国人血液的两个孩子的母亲。

二〇〇〇年八月我第一次返回桂林，曾探索先母六十年前住医院的病历未果。随后数次前往大陆，无不乘机寻找资料。大陆方面对历史材料的搜集不遗余力，巨细靡遗，有关先母死亡之谜，也当成重点研究，已有结论，只是尚未公开。

我曾在北京私下与一位相当高层级的领导有所谈论，他很谨慎，听的多，说的少。我告诉他，我之所以锲而不舍地要查明桂林那段故事的真相，只是求个心安，我不仅不会追究一甲子以前的往事，更会以宽恕的心胸去看待。他同意我的看法，“母亲是死于非命”，但如果把矛头指向父亲经国先生，他说：“是没有根据，也很缺德的。”我希望也相信大陆方面，有一天对这件事会有官方的公开说法。

军统局：添油加醋的天方夜谭

有人言之凿凿地说全案是军统局介入，是蒋介石下令主动策划谋害。其中有位自称是情报头子戴笠手下的张建国老先生，长期住在加拿大，没有人知道他退役前的真正军阶，但人们都以“将军”称之，是歌星张琍敏的父亲，几年前九十多岁才过世。

十四年前张老先生写了封信给我，透露母亲被害的“秘密”，说了一大串，直指“军统局”是幕后杀手，且说自己就是电影中的“长江一号”，直接参与了军统局的“刺章行动”，要约我见面，以报告更多的“内情”。由于所述内容只是一种拼凑的“谍报故事”，与我早已掌握的资讯偏差太大，我就设词婉谢了。类似想象中的“资料”，过去十多年里从不同来源涌出，我接获不少，以后还可能层出不穷。

我在“政府”里担任几项较重要的职务期间，因公务上有机会和“情治首长”接触，曾利用工作之便，多次探听数十年前“军统”人员涉案“刺章”的可能。有位宋姓首长以负责任的口气断然回复说：“那是添油加醋的天方夜谭。”

宽恕，愿母亲安息

我和孝慈十八九岁时就为母亲命运的不幸而不平，甚至于怨忿，血气方刚之年确曾兴起过寻凶复仇之念。随年事增长，阅历渐广，凡事均能从理性切入，报仇的冲动日淡，转而设法去搜集更多的材料作研判。最近几年多次前去大陆，每一次只要有机会，我都会不露痕迹地打探并搜寻有关母亲死因的蛛丝马迹和佐证，包括和各地曾直接或间接与母亲有过接触的人士一一接触，只要有关联的叙述都不放过，更收集到谈及父母的书籍达十七种之多。

有位好友听说我探究母亲死因心切，私下建议何不开棺验尸，一定会找到具体结果，但被我一口回拒。母亲生前已经够苦，无论如何我不忍如此做。我的努力，只是出于纯孝。事实上物换星移，事过境迁，就是查出元凶，也改变不了过去。

王升曾多次刻意向我和孝慈强调，母亲是在酷暑感染急性痢疾，抢救不及而终，但我和孝慈从未采信。王升后来还找了一位自称当年在桂林医院任职的医生，并要这位医生写了一份治疗母亲经过的报告给他，再转交给我及孝慈。我们对这份报告的内容没有兴趣，因为这位医生拿不出任何文件，证明他确于一九四二年在省立桂林医院服务过。我可以体会也感谢王升在这个问题上，为了要我和孝慈宽心所做的种种，但我们心中的疑云不仅未消，反而为之加深加重。

好多年前，当我和孝慈谈到这件事情时，就感觉到它会是一桩无头公案，千年难解，因为牵涉到了政治。经过对日抗战的大迁移、国共内战的大变局，加上“文化大革命”，二○○○年后我多次到桂林、南昌等地，试图寻找直接证物，均无所获。当年在赣州若是有人蓄意抓住机会，有计划地前往桂林进行谋害，当然不会允许留下任何启人疑窦的病历或资料了。二○○一年，我曾亲赴原省立桂林医院查询，被告知一九四二年前后所有病历全在战乱中被毁。

专员公署护主心切

二〇〇四年我偕美伦到桂林扫墓，因为已替先母换立墓碑，上面刻有“显妣蒋母章太夫人亚若女士之墓”，感触颇深，晚间回到饭店，我跟美伦谈到母亲的死因，我就告诉美伦说我确定母亲是被谋害的，主谋就在赣州专员公署，父亲身边的人，且深受经国先生器重和绝对的信任，出于对经国先生极端的忠诚和崇拜，自认站在国家利益和民族大义上，必须趁早去除经国先生政治发展的遗患——一个手无寸铁的弱女子章亚若。

对章亚若在桂林的生活情况，专员公署派有专人自赣州前往桂林，以照料之名，同时可以监控，得以了若指掌。孝严、孝慈在桂林医院出生后，平常母子三人凡遇病痛，均系前往该院看诊，所以认定医院应是理想下手之地。只要让章亚若住进医院，就可以做得天衣无缝、万无一失。

一九四二年八月十四日晚，由主其事者指派在桂林的人员，邀约章亚若外出用餐，席间，趁其不备，于菜中下药，使母亲呕吐、腹泻必须送医。翌日见其前往桂林医院就诊，初步诊治虽无大碍，但强迫其住院治疗，于是当机立断，趁无任何亲人在旁，旋由同伙的医师，以注射特效药为由，用针筒对准血管注入致命药物，在几无挣扎情况下即告不治。后来进行的抢救，只是做给医院内不知情医生看的幌子，一项夺命任务于焉完成。主事者认定，只要手段干净利落，并且下令医院封口，不引起怀疑、不留下痕迹，事后经国先生绝不致责备，亦不敢追查，反可就此立功。邱昌渭事后说，经国先生对母亲猝逝一事的对外态度，是一种压抑性的“不再过问，也不追究”。但是他在赣州身边的几位贴身机要和亲信，包括黄中美、王制刚、高理文、桂昌德、桂昌宗等人，在先母过世后，不久均被一一调离赣州，担任闲职，不受重用，且未再与他们见面，只有少数的例外，日后平步青云，位居要津。

六十年前的桂林，是抗日期间的大后方，短短几年涌入几十万的难民，社会秩序和价值观，受到严重破坏和扭曲，治安败坏可以想见。母亲在如此复杂的情势中，很早就担心过自己和两个稚子的安危，她在一九四二年曾去信给北大中文系毕业的大姐懋兰，提到她内心的不安，所以懋兰姨妈赶在七月下旬就到了桂林做伴，她有轻度肺结核，也正好来养病。只是才住三个礼拜，她最担心的事，竟然还是发生了，却束手无策。

母亲之死并非一人所为，系一位极端聪明的人出于护主动机，另找了三、四位同伙来进行。主谋指出先母在桂林产子之后，即以蒋夫人自居，且经国先生又多次前往探视，自以为神不知鬼不觉，但事实上，在当地政治圈已引起谈论，并传到赣州，所以在事态扩大前，必须予以“铲除”。这一番话，立即得到死忠者的附和与配合。几经密商，最不露痕迹的做法，就是在医院动手；而让被害人受痛苦最短的方式，便是在血管注射毒液。主谋认定，只要家属不敢提出解剖验尸的要求，即能立即下葬，全案就此完美无缺地永远埋在一抔黄土之下。

这项任务在短短几天当中，即交付桂林的同伙利落地执行完毕。原本考虑两个娃儿也不放过，但唯恐引起经国先生震怒而缩手，况且后果冲击太大，可能引起全国性的注意，反而难以收拾，才放过两条小生命。

“斩草除根”、“赶尽杀绝”的恐惧，是事发第二天就逃离桂林的懋兰大姨妈发自内心的感受，她把这种在现场的认定面告自己母亲后，就变成了外婆终生难以摆脱的梦魇。

将悲苦化成大爱

我已没有年轻时复仇的怒火，莎士比亚《哈姆雷特》悲剧性的故事并不足取，冤冤相报只会造成仇恨的扩大和衍生。让我为自己的祖父和父亲作最后的辩解，并将不负责任的推测就此打住；让我完全原谅凶手的错乱、自私、凶残和冷血；让我借这本书，把母亲的不幸和悲苦，化成宽恕的爱，相信会是母亲所乐见。

愿母亲在天之灵得享恒久的安息。

第二篇

遗孤遣怀

YI GU QIAN HUAI

第五章　苦命同林鸟·孝慈折磨深

孝慈从小身子较弱，在奶娃娃时期时常生病。

由于我们是未满七个月的早产儿，又是双胞胎，显得特别纤弱。外婆说，刚出生时，母亲很怜惜地发觉我们是那么瘦弱，几乎一个手掌可以放一个，像两只刚出生的小猫咪，便高兴地说："就叫大猫、小猫好了。"由于早产，还放在保温箱一阵子，带起来特别辛苦。母亲过世后，经国先生差人把我们从桂林送到江西万安县，由外婆专心带孝慈，亚梅阿姨负责带我，原因就是孝慈比较容易生病的缘故。

孝慈和我每天都喝当时市面上能找到的最好的奶粉——克宁奶粉，外婆还另外找了奶妈喂奶，才把我和孝慈的身体底子打好。上中学时，外婆看到我们参加了许多运动项目，非常得意地说："没想到你们会长得这么结实，原先还担心没法把你们拉拨大而夭折。"孝慈虽然在襁褓中多病，但进小学后一直到初高中，身体都还算不错，体力比一般的同学有过之而无不及，个性也算开朗。直到外婆向我们透露了有关母亲的事情后，孝慈才慢慢变得内向寡

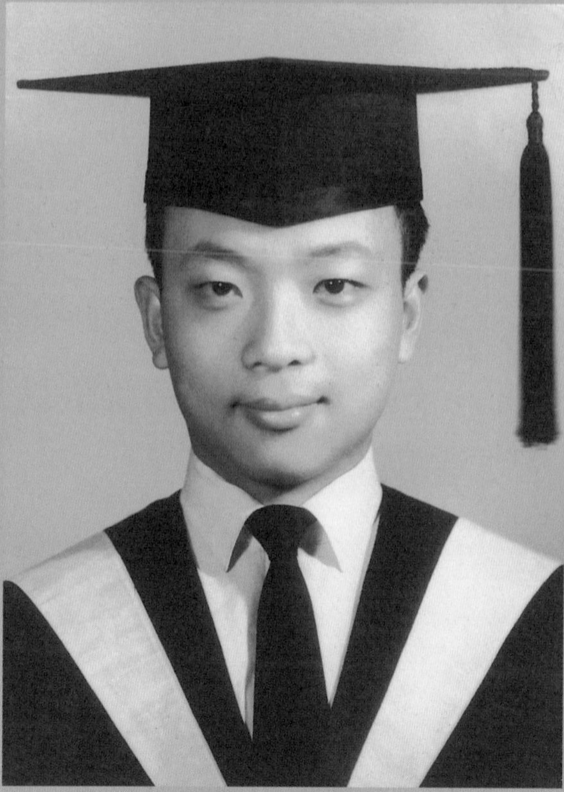

1964 年，蒋孝严大学毕业照。

1964 年，孝严（左）、孝慈（右）大学毕业后与二舅章澣若合影。

1965 年冬，孝严、孝慈摄于新竹市。

1967 年夏，孝严与孝慈摄于友人家。

1968 年的蒋孝严。

1968 年蒋孝严和未婚妻黄美伦合影。

1968 年蒋孝严和未婚妻黄美伦合影。

1974 年初春，孝严与孝慈两家人在美国留影。右起为黄美伦、女儿蕙兰、蒋孝严、蒋孝慈、赵申德。

1977 年的蒋孝严。

1984 年蒋孝严在中国国民党革命实践研究院研究班 11 期受训。

1985 年夏，蒋孝严与长子万安摄于屏东垦丁公园。

1987 年的蒋孝严。

1987 年蒋孝严夫妇与卡特夫人合影。

1987 年，孝严与孝武摄于台北。

1989 年元月，蒋孝武（中）与蒋孝严（左）在宴会上。

孝严与孝慈兄弟情深，成长路上相携相伴。

1989 年 6 月 12 日，蒋宋美龄与蒋孝严夫妇于台北孺慕堂亲切寒暄。

蒋孝严在机场迎接客人。

1990 年，宋楚瑜在蒋孝严办公室参观。

1990 年蒋孝严于丘吉尔塑像前。

1992 年元月，蒋孝严摄于蒋经国先生曾就读过的莫斯科中山大学原址。

1992 年元月，蒋孝严参访父亲生前留学的莫斯科中山大学。

1994 年与李光耀合影。

1994 年蒋孝严摄于书房。

言，对外甚至有点羞怯。

身世苦闷千斤重

我们念大学时，日子仍然过得很紧，每学期都是无法在指定日期缴交注册费，连每天到学校旁自助餐店用餐的钱，都经常付不出而拖欠，等有钱时才把一两个星期或一个月所积欠的钱一次付清。孝慈眉宇间，总是带着一股说不出来的哀愁，他的身子显然因为长期的郁闷，无形中受到了影响。虽然他不至于每天郁郁寡欢，但除了有时在一般假日和三五位好友偶尔聚叙聊天外，平常在比较热闹的场合里，很少见到他的影子。他内心承受的苦闷，好像愈来愈重。

他原本在大学交了一位中文系的唐姓女友，算是密切，我也见过面。只是对方家境富裕，一定要女儿毕业后就出去留学，而孝慈无法确定要等到哪年哪月，才有能力留学，他的初恋因而被硬生生地拆散了。这件事对他是一次不轻的打击。

念完了中文系，服完兵役，他又重新回到东吴大学，通过插班考试，以无比的毅力，从二年级开始念法律系，一共花了八年，在东吴拿了文学士和法学士两个学位。法律系毕业后，申请到美国德州南美以美大学（SMU）念硕士。他心中一直想借以表达的，就是要让他第一次付出情感的唐姓女友知道："我是可以靠自己的本事出去深造的，只是你的父母看错了。"

孝慈一口气在SMU拿了法律和政治学两个硕士，然后转到纽奥良的杜兰（Tulan）大学念法学博士。学成后，回到母校东吴教书，没几年即出任法律系系主任，表现不错，另外受到端木恺校长的提携，逐步升任法学院院长，最后出任东吴大学校长。

闯出自己的天空

孝慈在经国先生几个孩子当中，是书念得最多的一个，也是法学领域最专精的一位，在学术界享有一定的盛名。只要有一个孩子能够做到大学校长，任何做父亲的都应当感到骄傲和满足的，相信经国先生也不会例外，只是他从来没机会向我们表露过这样的情感。孝慈会走上学术和教育这条路，和“父亲是谁”完全没有关联。如同我之所以会参加“外交特考”，以“外交”为志业一样，也与父亲无关，因为我们不曾在人生重要的转折点上见到他。

外婆过世后，不管是念书或就业，孝慈和我一路就像是“放牛吃草”、“自生自灭”，充满了无人闻问的风险。经国先生从来没有以父亲的身份叮咛我们，这一生该如何走，是从商？从政？从军？从事教育？从事工程？从事学术？走哪条路才能为祖国作出较大的贡献？选择哪个行业才是他所乐见？自然，我们更不敢期盼从他那里得到一个父亲对子女有计划的培植了。

孝慈辛辛苦苦从美国念完两个硕士一个博士回来，最初只是到东吴大学法学院教书，没有人敢说有一天他会当上校长。一九七七年我从“驻美大使馆”调回“外交部”担任科长时，也没人敢确定二十五年后，我会从钱复手中接下“外交部长”的印信。整个过程里，当然遇到许多预想不到的挫折和险阻，若不够坚强，早就被击垮了。更可能在进入职场之初，由于人单势薄或本身冲劲不足，在起步阶段就落后而提前出局。

假设追溯到一九七三年冬，我在强大压力之下，接受了王升所转告的父亲要我暂缓赴美而留在台北做事的建议，未能坚持要做自己，往后的每一步，都会变成非要依赖别人的安排或施舍，而不足以成事。那次若真作了妥协，或许可以给我衣食不愁的一生，但绝不会享有从逆境奋发所激荡出来的一种超俗感，也不会品尝到经由艰苦奋斗而结出来的甜美果实，更罔论创造出任何有意义的人生成就。要是这对双生子很早就被淹没在芸芸众生当中，无声无息，走不出自己的路，闯不出自己的天空，谁会去管他们是哪家的孩子？又有谁理会他们到底该姓章还是姓蒋？

从章家看蒋家

大三暑假我曾和孝慈深谈几次，商量以后该如何面对迟早都要碰到的“归宗”问题。我们意识到，那是一件困难重重、难以突破的事，有现实层面的困难，更有法律层面的障碍，真是不知该从何下手。我们两个手无寸铁的孤儿，远眺蒋家，它就像坐落在云端的一座城堡。王升和宋时选连我们要和父亲见面的请求，都无能为力，要他们协助归宗，更不必谈了。每遇到生活上的一些小问题，他们还会尽些心力，他们的责任只止于将我们安抚妥当，安安静静地过日子就好，要我们千万别想太多，免得轻举妄动引起外界注意，以致影响到经国先生，这就是他们的任务。

母亲在临终弥留之际最最挂心的，是做父亲的迄未实践他的誓言，让两个半岁大的孩子霎时变成了孤儿，日后如果被人家欺侮，叫她如何放心得下？母亲这个生前未竟的心愿，却由我们两个纤弱无助的孩子去完成，真是何其沉重。那年夏天我和孝慈讨论多次后，关于归宗的事，决定自我要求下面几点：一、绝不放弃为母亲争取名分；二、一切要靠自己；三、要蒋家来找我们，我们不去求蒋家。

当时我们才二十岁，年轻气盛，心态上还总是站在“章家”去看“蒋家”，像是从“我家”去看“你家”，中间隔了一道墙似的。一直到八十年代后期，和孝武、孝勇有较多接触后，才逐渐有蒋家也是“我家”的包容和感受。

善良而倔强

孝慈进到大学后身子就不很好，常有小病痛，但是他很倔强的个性又不服输，从不特别注意而去看医生。在东吴任教时，他每天清晨还到台大操场跑上几千米，事实上，如果我知道他已患有高血压，低压高到一百三十毫米，我会劝他换做别的运动，因为每天一口气跑三、五千米太激烈了，对他有害无益。他秉性极端善良，除天生的性格外，或许和他念完中文系有关。他对儒学钻研甚深，并求身体力行，特别强调忠、恕的实践，从一则发生在他身上的真实而动人的小故事可以看出。

一九八六年九月他到“外交部”看我，他一进门，我就注意到他右眼罩了一大片纱布。我问他发生什么事，他笑笑说没事，只是在几天前陪同学打垒球时，不慎被一位同学的暴投，正面击中右眼，当场血流如注。幸好紧急送到荣总，总算保住了眼睛，他还连说几声“没事、没事”，我就不再追问。

过了两个月，我约他单独吃饭，他眼上的纱布不见了，但右眼看起来怪怪的。我问他怎么回事，他只笑笑说，那只眼睛已经变得高度弱视了，二、三米以外的东西几乎看不见，所以他开车特别小心，等于是用一只眼睛在开车。我要他一定去配副眼镜，他说再看看，又补充道，被垒球击伤右眼的事，没有告诉别人，连学校教授同事都不知道。我问他为什么？他说："如果传到那个闯祸的学生耳朵里，他该会多么自责。我不想让他知道，因为他是我的好学生。"我真的被他感动。孝慈就是这么的宽厚！他右眼几乎等于瞎了！

可老天却未必处处善待厚道纯良的人。一九九四年，当他为了协助尹衍梁在北大筹办"光华管理学院"，前往北京参访，遇到了他一生中最大的灾难，没想到真的就此翻覆。

"我们是被欺负大的！"

孝慈尽管算是顺利地出任过法学院院长、大学校长，但他看来一直是心事重重，很少开朗过。我在"外交部"期间，除了公事应酬，极少参加与工作无关的餐叙；孝慈虽在大学任教，却交游广阔，反而常常和一些学术界以外的老朋友相聚吃饭。

有两三次在晚上十一二点，还接到他好友武越夫、黎昌意等人的电话，要我开车到餐厅去接他回家，他们在电话中说孝慈喝醉了，指名要我送他回去。事后，他们跟我说，孝慈每次在餐会上都非常随性，酒量不错，是性情中人，但每次只要略带醉意，就会情不自禁地固定点唱一首他很喜欢的歌，唱到激动处就会落泪，然后边流泪边把那首歌唱完，曲名就叫做《心事谁人知》，在场的朋友看到这情景无不动容。只有我知道他为什么爱唱这首歌，他唱的时候，又在想些什么？这首歌的歌词像是为他写的一样，道尽了他的心酸。

孝慈和我先后自美返岛后，我们不寻常的出身也渐次在台北传开，而它源头却是来自于当时常被查禁的所谓“党外杂志”。这些杂志经常大胆地报道一些蒋家的内幕故事。有段时间孝慈常在报上写文章，或接受广播电视访问、或发表评论，逐渐受到社会的关注，所谓的知名度也慢慢打开。却没想到引起了孝武周边一些人的侧目，向他打报告，进行挑拨，甚至建议在我们冒出来之前要采取防范。

于是，“中广”所有的节目里，突然听不到孝慈的声音，《中央日报》上也读不到孝慈的文章。当时孝武是“中广”总经理，旁边的人要如此封杀是轻而易举的。我在“外交部”任职，有关我的新闻报道，大多是公务活动，孝武的朋友很难干预。直到一九八八年父亲经国先生过世之后，这种“本是同根生，相煎何太急”的情况，才得以缓和下来。

那段日子每遇到类似排斥和打压时，就感到十分无奈，但在下意识里，反而成了上进的动力。有天孝慈感触很深地跟我说：“我们是被欺负大的！”那几年里，虽然我们看到孝武、孝勇呼风唤雨坐拥权势，却从未妒忌过他们，因为很容易看得出来那种权力的基础是薄弱的，很难持久，它只源自于一个人——父亲经国先生。一座高楼，是可能一夕倾倒而变成废墟，历史上以及许多民间故事里，这种例子实在屡见不鲜。

虽然同父异母的兄弟一度对我们不甚友善，但我们从未心生怨怼，只有敬而远之，尽量躲他们远一点。我们很能理解他们的心态，他们容不下这对“庶出”之子，是很正常的，如果设身处地，我们说不定也会犯下同属人性弱点上的过失。

思母抑郁终不起

孝慈后来身体变坏，和长期不舒坦、不开朗的心境有关。我真正警觉到他身体出了问题，是在一九八九年三月，他打电话告诉我，一个月前的农历新年假期，他独自到一间庙里去住了几天，有天夜里突然胸部和胃发生绞痛，痛到几乎在床上打滚，冷汗直冒，忍到天亮，情况才缓和下来，隔天就回家了。我一听，就要他去大医院检查，若不是胃有问题，就可能是心脏出了毛病，千万不要等闲视之。他却不以为意，始终未去找过医生。万万没想到不到几年，一九九四年十一月十四日竟然在北京因脑血管病变，就此不起。

当时孝慈一行投宿在北京友谊宾馆，事发当天清晨八点多，同行的东吴大学法学院副院长程家瑞在餐厅久候，不见孝慈下楼用餐，于是上楼敲门，久久没人回应，转而打电话进去，也没人接，警觉到情况不妙，立即找来服务员破门而入。一进门，惊见孝慈穿着睡衣，盖被仰卧在床，早已不省人事，棉被上还残留着几块褐色的呕吐物渍，瞬即召来救护车紧急送往中日友好医院急救。经诊断系脑干出血，最严重的中风！

接到噩耗时，我正在美国波士顿出席欢宴，晚上十点回到饭店就接到程家瑞来自北京的电话，震惊悲痛之余，决定中止行程，拟即刻从美国径飞北京，只望能尽速赶到医院陪他。

人道特许赴北京

当时两岸间的实质交流，方兴未艾，根据“台湾地区人民进入大陆地区许可办法”第五条规定：“禁止公务人员赴大陆地区奔丧、探病”，我身为“阁员”，自在被禁之列。我心急如焚，当晚在波士顿十一点多，正是台北中午时分，我先试图向“行政院”院长连战请示，他正在“立法院”备询，无法接听电话；我转而向李登辉报告这件不幸的事，他也是一惊，我表达想尽速飞往北京的愿望。后来再次电话联络连战的幕僚转报，请能同意我在此特殊情况下前往大陆。连战随即在“立法院”提出基于人道考量，建请特许我飞往大陆专程探视孝慈，当即获得在场“立法委员”一致支持。

隔天，台北时间十五日，“行政院”宣布：“基于人道立场，同意‘侨委会委员长’章孝严以个人身份前往北京”；对连战排除困难，破例放行，令我感念不已。一获知台北放行，我即从波士顿飞洛杉矶转搭国泰〇〇五班机返回台北。

十六日清晨抵中正机场，美伦已在入口处等候，遇此变故，感慨万千，相拥落泪，她还为我加油，要我振作，侄女友菊也在机场等候。孝慈出事当晚，弟妹赵申德即由劲松陪同搭二十时三十分班机飞港，隔日上午才转乘港龙九〇〇班机飞北京。我一抵台北即在机场转机前往大陆，只比申德迟到北京一天，一路同行的还有海基会副秘书长李庆平。十六日下午三时二十分抵北京机场，大陆海协会副秘书长刘刚奇和北大罗副校长均在机场迎候。

当看到前来接机的劲松，我哭了出来，没想到孝慈命运会如此乖舛？怎会舍得心爱的一对子女？他一生都在颠簸崎岖、充满不平、不公的路途上奋力打拼，几乎没有喘息的片刻，到头来，他又真正得到了什么？如今却被病魔一拳击倒！

他吃了不少苦，为的无非是想要很光荣地、抬头挺胸地做一个蒋家之后，但是他想回蒋家的愿望，一直到临终，都未能实现，这是他最大的遗憾和不甘。后来孝慈在荣总临终时，我看见他眼角挂着一线泪水，我含泪用手将它轻轻拭去，我晓得他心中挂念的是什么，我也清楚，那一线眼泪是为何而流。面对孝慈没有血色、苍白的脸，我告诉他请安心地走，归宗的事，我不会放弃！

心碎北京行

在飞往北京途中，友菊坐在我右手边靠窗的位子，一路上不发一语，仅短短一两天，她像是成熟了许多，显得那么懂事。飞机快降落时，因为已是寒冬，她自己悄悄地拿出手提袋里的毛衣、围巾、手套，一一穿上，看得我好辛酸，心里想，这么乖巧的孩子，父亲却可能快要走了，不能再照顾她，不能再替她披上毛衣、不能再对她嘘寒问暖了。孝慈若是有知，该多么痛心？

下午四点半自北京机场驱车抵达孝慈卧病的中日友好医院，门口挤满两岸及国际媒体；我由左副院长引导，随即前往病房探望孝慈。进到病房前，申德把我拉到一旁，单独谈了十几分钟。她说医生告诉她，孝慈是脑干出血，无法动手术，她心里有数，他几乎没有好转的可能，若只设法维持生命，也将成为植物人。孝慈从前曾在无意间告诉过她和孩子，将来若有什么意外，他宁愿选择安详地结束生命，不要变成植物人云云。我点点头表示了解，但总要再尽力看看，万一不成，则尊重孝慈的意愿。

五点多，进入加护病房，孝慈躺在病床上毫无知觉，我轻声唤着他的名字，他双眼紧闭，没有任何反应，嘴、鼻都插着各种导管。看到从小一起长大的孝慈，竟然变成这种景况，心都要碎了，我泪流不止，一下子想到了可怜的外婆、母亲……，如果她们天上有知，该多么心疼。申德望着孝慈，淌着泪喃喃自语地跟我说：“孝慈一生到现在，从来没有真正快乐过，一直活在压力和无奈的情绪当中，唯一能让他高兴的，只有由他自己一砖一瓦独力建立起来的家庭！他爱孩子，孩子更爱他……”

桂林祭母祈愿

我想到葬在桂林的母亲，不管是否迷信，我觉得一定要去一趟，求母亲能够保佑孝慈好起来。我和申德商量后，便由李庆平和刘刚奇陪同，于第三天十八日上午飞抵桂林，经安排在下午三时，驱车来到离桂林仅二十分车程，坐落在市郊凤凰岭的母亲墓地。

我含泪将我和孝慈两家九口的照片放在墓前，随即焚香祭拜。这是我第一次回到桂林，也是第一次向母亲上香，却是由于孝慈发生意外重病而来，心情激动万分，跪在墓前，低声祈求母亲务必帮助孝慈苏醒过来，能够继续为社会服务、为家庭子女打拼……我早已满面是泪，难以自已。

在我这次到桂林前不到一年，一九九三年九月五日上午九时，孝慈依照当时有关规定，辞卸了“国大代表”及国民党中央委员等“党政职务”后，以单纯的大学校长身份，获准赴大陆扫墓，来到母亲坟前。当时，也引起国内外媒体的关注与报道。孝慈抵达当天，天气非常晴朗，隔天扫墓时却乌云密布，倾盆大雨。当孝慈哭着跪在地上，念着亲自撰写的《祭母文》：“……两家九口独我来斯，外婆吾父魂应相随……”顿时倾盆大雨，衣服湿透，脸上泪水和雨水混杂难分，在场不少人跟着掉泪。事后很多人都追忆说，孝慈的孝心动天，老天都陪着落泪。

北京方面对孝慈的医疗照应，是尽了全力。中央高层领导指示中日友好医院立即成立医疗小组，包括来自协和、北京等一流医院二十多位脑神经科权威，由左焕宗副院长为首，于十四日当天中午十二时为孝慈举行会诊。荣总派来协助的吴进安医生都认为，这已是最强大的阵容，也是北京能够动员的最大能量。

我在陪伴孝慈期间，就听到有人说，孝慈所受的诊治和待遇，是国家领导人的高规格了。在医院外好奇围观的民众也知道，有一位从台湾来的要员在接受治疗，但叫不出名字，有的便说："是蒋介石的一个孙子在医院里。"申德以及劲松、友菊对北京方面的协助和努力，都认为没有话说，也非常感谢。

相濡以沫兄弟情

我一口气专程飞了二十五个小时从美国来到北京，只有一个意念，就是要在孝慈有难的时候在他身旁，不管他听不听得到我的呼唤、晓不晓得我的焦虑，我不能让他一个人孤独地躺在北京的医院里。一想到先母在桂林医院临终前孤独无助的一幕，就是要付出再多的代价，我一定要陪孝慈走完最后的一程。

我和孝慈很少分开过。最初，还有外婆依靠，外婆过世后，两个孤孤单单的双胞胎，几乎像弃婴一样，被放置在漫漫的人生大海上闯荡，虽贵为蒋家骨肉，却无法在最需要的时刻，得到最起码的关心或呵护；两人只有相濡以沫，相互扶持，一起在苦难中成长，感情就格外浓郁。对于新竹那段艰苦岁月，孝慈于一九八九年六月三日在《中央日报》写了一篇《那段剥花生充饥的日子》，以流畅的文笔作了平实动人的描述。我特将这篇散文，附在书后，作为了解孝慈心路历程的一个注脚。

我的青少年时期成长环境，和绝大多数的外省子弟截然不同。从六岁多起，就住在新竹市区中心，整条街上左邻右舍是清一色做买卖的本省乡亲，只有我们一家外省人，闽南话是从小在与邻居玩伴一道玩耍时自然学会的；另外，饮食习惯和台湾孩子更没有两样，一直到现在，我还会主动想去吃路边摊的小吃，比方说米粉汤、卤肉饭、肉羹、肉圆、鳝鱼面、润饼等等，这些都是自小就爱的“古早味”。我在许多方面很早就融入了当地习俗，这也是为什么最初听到什么“地域观念”而不解，且压根底我就反对什么奇奇怪怪、十分荒唐的“省籍情结”的原因。

外婆在世时，和住在新竹街上的邻居处得很好，尽管她连一句闽南话都不懂，国语也不会，只会说江西家乡话，却能用微笑，甚至比手划脚来沟通。每次遇到地方上的“大拜拜”，邻居们会用大碗公装一些炸蔬菜、炒米粉、白切鸡什么的，一碗一碗送给外婆品尝，外婆则会做一些米酒酿、粉蒸肉、包子之类的外省菜肴回赠。外婆尽管语言不通，但从未因而造成什么摩擦或不快，她自己不会说闽南话，但要我和孝慈跟玩伴在一道时多学闽南话，甚至学客家话。

我们俩从小就是在这样对省籍包容的正确观念下成长的，所以孝慈和我从小对台湾这片土地不仅没有隔阂，而且有自然的情感，有时我用闽南话和中学同学聊到那段日子时，觉得自己是新竹人。

血泪成史

孝慈从小比较内向，遇到委屈也不多话，了解身世之后，私下会有点自怨自艾，表面上装得若无其事，内心的压力却使他对归宗之路感到消极而不抱希望；他曾幽怨地说，若不够努力，将来有可能落得像外婆一样，在新竹隐居一辈子，终生难见天日。但是，这股压力，又成了我们抗拒现实的力道与奋发打拼的支撑点。

孝慈在美国杜兰大学念博士时，必须利用寒暑假找不同的机会打工赚钱，来贴补学费。他先后在餐厅先做带位生（Bus Boy），再做服务生（Waiter），也在仓库佩着手枪担任过夜间保安，大热天还到工厂搬钢条，搬到手套破洞、手掌破皮，流出来的血将手套都染红……孝慈就是经由如此近乎折磨的过程，才拿到法学博士学位。这些磨难，经国先生可曾知晓？经过这么一段苦学历程，回到台湾，才有机会到东吴大学任教，总算努力没有白费，稍有甚堪告慰的成果。他拿到学校聘书那天，打电话告诉我，他有股冲动，好想立即去告诉父亲经国先生，他是靠实力找到了大学教职，好让父亲高兴些。但是，每在此类时刻，我们就是见不到他，这种苦痛，不是天天能见到父亲的人所能感受得到。可是，我们仍然装得若无其事，还要继续勇敢地去面对外界、面对家人、面对未来！

孝慈长期的积闷，让他付出了可怕的代价——一九九四年冬中风，未再苏醒，一九九六年初告终！

如果，“蒋章恋”是老天执导的一则爱情故事，在情节铺陈中，章家自始即在弱势的一边、受害的一方。从母亲死因不明，外婆在贫困中撒手西归，二舅罹患严重被迫害妄想症、眼睛失明而潦倒以终，到孝慈思母心切，前往桂林祭母，旋因长期积闷在北京中风不醒，由我接运返台，未几病逝荣总，每一页都有血、每一字都是泪。

如果，老天能在故事起头的几个重要篇章里，注入一些较切合人性的布局，譬如说，在困苦的日子里，能让我们看得到归宗的曙光与希望，或让我们和父亲真能见上一面，孝慈的健康曲线，就不至于在后来一路下滑而一跌不起，才五十二岁正值英年，就撒手西归了。

第六章　同父异母缘 · 手足情意真

父亲有六个孩子，五男一女，依出生年序是孝文（一九三五）、孝章（一九三八）、孝严（一九四二）、孝慈（一九四二）、孝武（一九四五）、孝勇（一九四八）。老大孝文和老幺孝勇相差十三岁，我和孝慈正好在中间，与孝文、孝勇各差七岁和六岁。六个孩子当中，我和孝慈的成长过程，和其他四位同父异母的手足截然有别，因此塑造出了不同的性格和人生观，也经历了不同的命运。

父亲的五个男孩，有四个在短短七年里先后过世，按照忌日依序是孝文（一九八九年四月十四日）、孝武（一九九一年七月三十日）、孝慈（一九九六年二月十四日）和孝勇（一九九六年十二月二十二日），他们均在五十岁前后即过世。迄今五个男丁中，我是唯一存活的一位。

孝文令人最惋惜

念初中时就听人提过“蒋孝文”，在报纸和杂志上也看过他和祖父在一起的照片。他在世时，我不曾和他见过面。进到大学后，就听到同学间流传着关于他的一些小道故事，绘声绘影地绕着他特殊的身份打转。

孝文长得挺拔帅气，聪明好动，像所有的长孙一样，总是受到祖父的特别宠爱。在新闻报道仍然受到钳制的时代里，有关蒋家的动态几乎都是由“中央社”或“军闻社”统一发稿，包括家居生活照片在内，在报上不时能看到孝文英挺地站在祖父身旁。他陪着祖父登上美军太平洋第七舰队旗舰的镜头，让人印象深刻，有人相信祖父一度对他的期许满高的。很多人告诉我，孝文本质非常善良，人也机灵，但从十几岁起就被一群朋友包围住，生活上走偏了方向，最后发生饮酒过量的意外，导致脑缺氧造成长久意识不清的憾事。

王升说，经国先生对子女的教养从不溺爱，只要发觉求学中的孝文有过分逾越情况，比方说有次半夜偷偷地把家中吉普车开出去而闯了祸，险些闹出人命，经国先生气得狠狠地教训他一顿，甚至用皮带抽打。

王升表示，祖父曾考虑培植孝文在军中发展，想把他送到美国去念西点军校或维吉尼亚军校，但均未能如愿。最后一九六〇年才安排他到了加州柏克莱分校念商，不久因故又转学到华盛顿的乔治城大学，均未念毕而中辍返台。

“外交部”档案库“专卷”

一九七二年我从比利时结束两年的“外交官”训练回国，受训期间被指定到比利时外交部的人事及档案处实习两个月，事后我十分用心地写了一份内容充实的心得报告，由“大使馆”转报“外交部”，没想到引起“次长”陈雄飞的注意和赞赏，亲自下条子要我回部后直接到“档案资料处”报到，专责改善“外交部”档卷的管理系统。

“档资处”在部内向来被视为冷单位，当我告诉也刚从美国获得博士学位回国不久的孝慈，我将到“档资处”工作时，他错愕地问我：“你不是说自己表现得不错吗？怎么还没出发，就被冷冻了？”还好，在“档资处”只是暂时性的，不到两个月我就改调到政务单位“欧洲司”，处理有关与法、比、卢、荷等国关系的业务。在“档资处”虽然只是一个过渡，也因为有这样一段职场上的小插曲，后来我当上“部长”，我就用自己的例子，鼓励刚进部的年轻人，千万不要也不必去挑单位，万丈高楼平地起，“档资处”就出了一位“部长”！

王升有一次提醒我，既然在工作中可以接触到“外交部”所有的老档卷，不妨去档库里找找看，有没有一份关于孝文在一九六〇年赴美求学的“专卷”？王升说，因为孝文在旧金山曾因驾车超速被当地法庭判了三天刑期，而惊动“驻美大使馆”和美国国务院，最后由美国国务院出面向旧金山市政府缓颊，才逃过牢狱之灾。当地左派媒体曾大肆报道，“外交部”一定会有专卷云云。王升的意思，这不是什么大不了的事，没有必要把有碍蒋家观瞻的事一直保存在档案里，希望我能斟酌情况“处理掉”。

有天上午我特地去到“外交部”设在北投的档库，里面密存有上万册的卷宗，因有完整的查询索引，很快找到编号GDIBI三七号“蒋孝文”专卷，里面存有三四十页“外交部”与“驻美大使馆”当年来往的电文和剪报。其中还有一份美联社的报道，提到当时在华盛顿天主大学念戏剧的蒋徐乃锦大嫂，曾失窃过珠宝首饰。专卷清楚提到，在一九六〇年元月二十三日，孝文二十五岁在加州大学念书，因超速被沃克兰法庭判刑三天，后由叶公超出面向美国国务院交涉，才以罚款解决。看完专卷之后，我只把它移到另一个卷柜的角落，让以后的人不太容易找到，并没有照王升的暗示，把卷宗带走，因为我是公务员。

细读那份专卷，我只有一个感觉，孝慈和我都是蒋家后代，但我们真是活在另一个世界，在物质领域里和他们的差距实在太大了，可是我们从来没有羡慕或嫉妒过他们所拥有的。虽对自己的境遇深感不平，同样是经国先生的孩子，为什么孝慈和我为了起码的生活的维持，还要辛苦地挣扎，他们却生下来不是龙就是凤？我们只有自我鼓励，人生是长跑，不是短跑，后段的冲刺才更加重要。

莎士比亚式的悲剧

孝文在一九七〇年因饮酒过量而不醒人事，加上延误就医，使脑神经缺氧而严重受损，虽经急救，仍旧造成日后意识表达和行为反应无法完全恢复如常人，以致长达近二十年的生活起居，均须他人照料。一九八九年四月十四日过世时，仅得年五十五岁，距经国先生辞世还不到一年半。

我参加了他的丧礼，是以“外交部常务次长”身份前往的。他短短一生，拖累最深、最重的应当是徐乃锦大嫂。她无怨无悔地照料孝文所展现的无比耐力和牺牲，并且独力把女儿友梅教养得那么好，令我万分敬重。她行事低调，通情达理，加上有德国血统直来直往的个性，并且远离政治漩涡和家族是非，凡我遇到的人，未闻对她有任何负面批评。

孝文做过直接与社会有关系的工作，是他担任金门和桃园两地台湾电力公司主任的职务，因时间不长，很难让民众留下深刻印象，但也没有听到对他在为人处事方面的指责。孝文生前的好友余正雄对他的评价相当正面，他告诉我孝文很有头脑，反应敏捷，待人诚恳率直，很早就有机会参与相当程度的“政府”重要事项决策。

我在想，假如孝文大哥能在一般平民家中成长，应当会更有成就，或是从小就把他送到美国念书，在一个较单纯的环境里，闪开一些牛鬼蛇神的纠缠，以他优秀的资质，要念西点或哈佛都有可能的，进而可能成为一号人物，对社会作出贡献。但是他置身台湾，环绕在一种被娇宠的环境里成了唯一的选择，最后，莎士比亚式的悲剧就成了他的宿命。

他的独女友梅非常懂事，很有才华。她专程从英国偕夫婿从伦敦陪侍重病的母亲蒋徐乃锦数月之久。乃锦大嫂过世，后事都是由她处理。她亲自书写的一首悼念母亲的奠诗，文情并茂，读之令人动容。我曾私下告诉她，我不赞成此时匆忙且草率地将老蒋先生和经国先生从慈湖、头寮移灵五指山，她完全同意，并且告诉我，远在旧金山的孝章大姊也十分反对此事。

孝章最令我钦敬

不少曾直接追随过经国先生的人都跟我说过，在长安东路二条通里，他最疼爱的还是孝章。唯一的女儿，聪慧乖巧，讨人喜欢又漂亮，是他的掌上明珠和心肝宝贝。

台湾社会对孝章大姐的认识较有限。曾经引起人们谈论和关心的，是她嫁给前“国防部长”俞大维先生公子俞扬和先生的婚事。

温哈熊“口述历史”事件

传说中，父亲起先并不很赞同这段姻缘，但无法改变她的决定。前几年，温哈熊出了一本所谓口述历史，对俞、章的婚姻有夸大的负面描述，甚至涉及人身攻击和毁谤，破坏了她在国外生活的宁静，引起他们夫妇的极端愤怒，因而提起诉讼。这件事在台湾媒体上占了好几天版面。

事实上温哈熊在书里面，对美伦也有非常不实和荒谬的批评，气得我和美伦都曾考虑到法庭按铃申告。好几位“外交部”及“驻华盛顿大使馆”的老同事，看到温某书内恶意的中伤相当气愤，便主动向报纸投书为美伦辩驳澄清，并强烈指责温某的不道德。后来经朋友劝告，为避免媒体炒作，反而帮他新书促销，我们才打消控告的决定。

为这件事，我亲自去看过“中央研究院”院长李远哲先生，因为温某那本“口述历史”，是由中研院近代史研究所根据口述整理完成。对于该所在处理所谓“历史”过程中，不曾作交叉查证，我表示相当不满；李远哲也向我委婉说明，并强调虽然以该院中国近代史研究所挂名完成的个人口述历史，但并不等于背书它的内容。我则强烈建议，以后该院出版类似书籍，务必格外谨慎，尤其涉及到“人”的评论和褒贬部分，不可仅听信片面陈述而不去比对求证，特别是涉及的当事人都还健在，怎可省略不为？就是媒体记者报道新闻，都知道“平衡”和“查证”的不可或缺，况论撰写冠以

“历史”之名的书籍，应当是何其的严肃，稍一不慎就会被一些自认有社会名望之徒，用作欺世盗名和私人泄愤、攻讦对手的工具，比不负责任的八卦报道更加可怕，因为它披上了纯净的学术外衣，掩盖了邪恶的本质。温哈熊就是典型的例子。李院长赞同我的看法，也应允向近代史研究所转达，提醒该所日后务必改进。

从报端获悉孝章大姐对温哈熊出书爆料的卑劣行为，决定提告，我十分同情她，更全力支持她。温哈熊就是有一万个理由，要披露那段不为父亲十分赞同的婚事，甚至就是有一万个证据，证明他所叙述的是事实，只要基于经国先生曾经格外的提拔和重用，他就绝不该轻佻地把这种伤人害己的典型八卦，放进他所谓的“口述历史”当中！温哈熊忘恩负义、沽名钓誉的行径，使经国先生的旧部和所有认识温某的人感到心寒，也让原本不认识温某的人不齿。

一切已了然于心

过去每次因公在旧金山停留时，我都会私下打听一下孝章夫妇的近况，有几次还想和他们联系，或送个小礼物向他们致候，后来想想，怕太唐突而作罢。我之所以想和孝章大姐联系，是因为我确定她很早就知道在赣州发生过的往事，秦孝仪院长曾证实，而孝武对孝章大姐知情一事，则说得最清楚。

我并不天天写日记，但是凡遇到较重要的事，我都有当天做简要记录的习惯。根据我的记事本，一九八九年元月十七日晚，在家中（罗斯福路三段“外交部次长”的官舍）宴请孝武夫妇，那次是他从新加坡返台“述职”，在座的还有钱复、宋楚瑜、陈履安、徐立德等人。孝武那晚兴致颇高，显得很开心。宴会后，孝武夫妇单独留下来和我闲谈，说了不少心中的话。孝武特别提到，孝章大姐去年（一九八八年）返台为父亲奔丧时曾告诉他，她了解到孝武目前与我和睦相处的情况，对于这样的发展她很高兴，并且进一步告诉孝武，父亲曾于生前向她言及桂林的事。这是孝武亲口讲的，当时美伦和惠媚在座。孝章大姐目前还在旧金山，我不会也不敢信口开河。

孝武主动向我提到孝章大姐，是想要让我晓得，自从父亲过世后，我们能够彼此接纳、多所交往，不仅是我和他之间的正确决定，连孝章大姐也都赞成。我当时简单回应孝武说，我有一个很单纯的考虑，就是不管别人怎么想、怎么说，只要能让父亲在天之灵感到安慰的事，我们都应当去做。

孝武点点头表示赞同。

孝武冤困〝江南案〞

一九六二年，我在大学三年级暑假被分发到“政工干校”，接受第十三期预备军官的基础训练，孝武比我小三岁，那年正好高中毕业，就在我到“干校”报到的同时，很意外地看到他也在人群里。更奇妙的是，他不仅和我分在同一大队，还在同一个连上。他的出现当然令我吃了一惊，因为我一眼就认出他来。

我和其他受训的预官当时都猜不透，为什么他才中学毕业，就能和大专学生一起接受训练？没人敢明问，只有在心里嘀咕。为期八周的训练中，没有每天看到他，另外还有两、三位看来是他死党的好友陪着他受训，一伙人显得轻松自在，像是在参加夏令营。后来队上的长官无意说出来，因为经国先生认为暑假太长，孝武待在家里会很无聊，又容易出去鬼混，所以干脆交给“干校”看管，受受军训，期盼通过部队生活，让他养成纪律观念和规律起居。经国先生的用心也够良苦了，实际效果却有限，因为每到晚上，他并不是和大伙儿在大寝室里睡大通铺，若不是溜出去，就是安排到长官的单独卧房就寝；至于出操，那更是随他性了。

这件事到今天都令我不解，他被送到“干校”时，怎么会不仅和我编在同一个连，居然“小组”活动，也和我编在一起？“小组会”都是晚餐后在教室里召开，每组只有十来人，彼此围成一圈、坐得也近。有天开小组会，他就坐在我右手边，可能太无聊，他转身望望我，低声地说：“让我来替你画张像，你长得眉清目秀的嘛！”我只笑笑，没说什么。只见他在一张纸上煞有介事地像在为我素描，我也没去看他最后画得到底如何。我想他只是好玩，也可能是找借口搭讪。我暗中自问：“难道他知道我是谁？”

我当然知道他是谁，那时，我除了严守分际说我是“章孝严”外，其他什么都不能说。到今天，我心中的谜还是没有答案，难道会是父亲刻意安排，要我们在这种自然而单纯的场合相遇相识？或者只是一种机率几乎等于零的巧合？只有问上帝了。

另一件事就更不寻常了。经国先生向来重视青年学子，每年都亲自到“政工干校”主持预官训练的开训典礼。但是，一九六三年我到“干校”受训那一年，他却没有来，也是唯一缺席的一次，当时队上的长官们均感意外。我私下在想，难道是他知道我在受训，而刻意回避不来，免得造成我心理上冲击？

突然的第一次会面

一九七七年我从华盛顿回台北，孝武三十出头，已是“欣欣传播公司”总经理。有一天，突然接到他的机要秘书方兴华来电，要我抽空到他办公室去一趟。我颇感困惑，因为我的工作和“欣欣传播”完全无关。我问方兴华，蒋总经理找我有没有什么特别事？方兴华说不清楚，蒋先生只交代请我去一趟。

当我进到孝武办公室，他已等在那里，正抽着烟，很客气地和我握握手。坐定后，他问了问我工作情形以及家庭状况，我简单回应，也谢谢他关心；我也问他现在从事传播业务主要在做些什么？他倒说得津津有味，看起来像是很容易赚钱的行业，因为他办公室的家具和装潢相当气派。那天大概谈了半个小时，完全是漫无主题的闲聊，谈话中，我还期盼他能谈一些比较严肃的事情，但是都没有，有时他看来又有点欲言又止，我弄不清他那次找我到他办公室的真正目的为何？很可能他已风闻了一些有关我和孝慈的事情，所以想看看我到底长得是什么模样、什么样谈吐？

再下一次和孝武会面，则隔了快十年。十年里我已按部就班地在文官体系，从科员、科长、副司长、司长，一路晋升到“外交部常务次长”。孝武则已转到“中国广播公司”担任总经理，这是孝武工作时间最长的一个职务，从一九八〇年七月一日到一九八六年二月，有五年半的时间。

意外踏入“外交”

一九八四年十月十五日，台湾发生了轰动一时的“江南案”（作家刘宜良在旧金山寓所被枪杀身亡），孝武就是在“中广”总经理这个职务上被卷了进去的。由于美国联邦调查局及台湾“司法调查单位”联手调查，证明该案系由当时“国防部”情报局长汪希苓，指派陈启礼及吴敦赴美执行的一桩枪杀异己的任务，后来三人均遭台北地方法院以共同杀人罪，各判处无期徒刑等重刑。

美国国务院曾强烈要求引渡有关嫌犯至美国受审，台湾方面则以双方无引渡条约为由坚拒。美政府及国会运用军售及贸易两大议题，对台湾持续施压，经国先生对这件事在双方关系上所造成的破坏颇为震怒。当时各种媒体均影射孝武与该案有涉，让他百口莫辩。

就在各媒体把整个案子炒得沸沸扬扬之际，一九八六年二月十八日，经国先生断然把孝武调离，要他前往“新加坡代表处”出任副代表。代表是胡炘将军，胡定吾的父亲。经国先生和李光耀总理私谊颇笃，孝武前往新加坡，经国先生最放心了。

经国先生这项决定，不管是对当局或对孝武个人来说，都是明智的。孝武有一万个不愿，也无可奈何。

“江南事件”对孝武是一生中最严重的打击。表面上，他欣然赴任，内心则极不乐意。他很清楚，自此不仅远离亲友，更将远离权力中心。在此之前，坊间臆测他是“接班掌权”的可能人选之一的消息，甚嚣尘上。他的外放立即将此可能破灭。但孝武此一转折，却意外地踏入了“外交”系统，也造就了日后和我密切交往的机缘。

我们本来就是手足！

在孝武出任“副代表”半年，我升任“常务次长”，并主管“亚太和亚西司”业务，不折不扣地成了他顶头上司。对他的工作我了如指掌，只要有机会，我都会不动声色地帮他，从未因为他以前曾受周边人士怂恿，对我和孝慈有过抵制，而心生怨怼。我只认定他是我同父异母的弟弟，情分上要照顾他，工作上更要协助他，理由很简单，这应当是父亲经国先生所乐见的，尽管他可能当时不会知情，也可能永远不会知道。

一九八七年，“外交部”对所有驻外人员例行性地逐一打年终考绩，孝武也在名册当中。我任“常务次长”，是“外交部”考绩委员会副主委，当评审到“新加坡代表处”时，我注意到胡炘代表只给他八十一分，我便主动在会上发言为他争取了八分，修正提升到八十九分，是甲等的最高分数，可以获得两个月薪水奖金。事后，我从未问他知不知道那年他这么高的考绩分数是怎么来的。那天下班回家，我只告诉美伦：“很高兴今天能够以哥哥的身份在孝武不知情的情况下，帮了他一个忙，工作上给他鼓励。”后来，在处理“江南案”过程中，我又再次在暗中助了孝武一臂之力。

每次孝武从新加坡回来“述职”或休假，我都会抽空以“次长”身份到机场去接机，若是惠媚和他一道，我会要美伦同行。从“外交部”的角度，这是对他的特别礼遇，一般“驻外副代表”返岛“述职”，“外交部”顶多是派“副司长”或“科长”去接机就可以了。孝武很快感觉得到我在许多方面释出的善意，于是对我的态度也起了转变。

有一天，我邀“外交部”几位司处长在国宾饭店二楼为他接风，饭前我俩坐在一个角落里有说有笑，非常开怀而亲切，在场采访的《中国时报》记者张慧英看在眼里，有感而发地问孝武：“你们看起来聊得蛮开心的，真是情同手足！”孝武立即笑笑地反驳她说：“你错了，我和章次长不是‘情同手足’，我们本来‘就是手足’！”这是孝武第一次公开而自豪地承认，我们是兄弟。

介入处理“江南案”

“江南案”改变了孝武一生，但是他私下多次坦诚地跟我说，他确实与该案完全无涉。在岛内外媒体强大压力下，他无从辩解冤屈，最后，他只期望整件案子能够早日成为过去。

一九八九年十二月，我由“外交部常次”转任中国国民党海外工作会主任。一九九〇年一月十五日，孝武从新加坡调升“驻东京代表处特任代表”。我接任“海工会”主任后，即密集展开海外的访视，短短几个月，走遍了所有国民党的海外总部、支部，甚至分部。出访的第一个行程涵盖了美国、加拿大和日本，从二月二十六到三月十三日，十五天当中走访了十五个城市。抵达旧金山时，却意外地直接介入了“江南案”的处理。

我访美各地的行程是公开的，当地华文报纸均有报道，侨胞只要稍微留意，便知道我的行踪。三月十日当天，我在凯悦饭店突然接到《联合报》驻华盛顿“特派员”施克敏的电话，他和江南夫妇（刘宜良与崔蓉芝），在华盛顿时是多年好友，“江南案”发生后，他仍与刘宜良的遗孀崔蓉芝时有联系。施克敏在电话中告诉我，崔蓉芝从报上晓得我人在旧金山，而她就住在附近的大理市，希望我能抽空和她见个面，有要事相商。当时若只顾虑到“江南案”的敏感，我一定会犹豫或推辞，但是一想到若能协助当局早日将全案平息下来，是件好事，尤其对孝武更为紧要，于是答应在隔天离美赴日前，在饭店晤面。

第二天上午十时整，崔蓉芝准时前来，开门后，看到她身旁站着一位个头魁梧的男士，他自我介绍叫陆铿。他俩进到小客厅坐定，略做寒暄，就直接表明来意。崔蓉芝说，虽然“江南案”在台北地方法院初审她已获得胜诉，但经多方面考量，仍愿与台湾当局进行“和解”，有两个条件：一、台湾当局要对江南案表示“歉意”或“遗憾之意”；二、赔偿三百万美元，并以秘密方式进行。这是“江南案”发生后，国民党方面相当阶层负责人，第一次直接和当事人碰面。

我态度很客气，却也十分谨慎，我未多言，仅应允将她的建议和条件，完整地带回台北并向当局反映。他们离开后，我即将谈话内容做了完整的记录。

当天下午，我离开旧金山直飞东京和孝武碰面。我的行程十分紧凑，只在东京停留不到两整天，但保留三月十二日晚上和孝武单独长谈。我把前一天跟崔蓉芝在旧金山的谈话内容叙述一遍，他当即赞同尽速和解，并再一次向我强调且语带埋怨地说，他从未介入该案，为什么有人总是要把他拖下水？我看得出他心情很差，可能由于当时岛内“主流”、“非主流”的争论闹得火热，他又以公开信方式，反对自己的叔叔纬国将军，引发若干“非主流”人士的指责甚至围剿，自然受到前所未有的压力。他忿忿然地跟我说，他“驻日代表”都不想做了，想辞掉一切职务，预定在当年五月二十日提出辞呈回台北。我只有好言相劝不要匆作决定，等台北政情略为平息后再议。我强调一动不如一静，他算听了进去。

从东京返抵台北，我立即把在旧金山发生有关“江南案”的最新状况，面报“外交部”朱抚松“部长”和蒋彦士“秘书长”，随后于三月二十七日上午十时三十分到“总统府”，向李登辉报告。李登辉告以“江南案”已由“外交部”签办，并批示了“一面上诉，一面和解”，赔偿金额以一百万美元为度，不能同意由当局道歉，可以考量其他方式为之，既然对方表达了和解的意愿，则可积极进行。于此，整个迟滞不前的“江南案”，注入了正面解决的动力。三月十一日我和崔蓉芝的会面，是关键之一。

直到一九九〇年十月二十五日，“江南案”才结案。最初，崔蓉芝通过美国律师孔杰荣（Jerome Cohen）与台湾方面接触，要求民事赔偿两千万美元，还在加州法院提出民事赔偿之诉三亿零五百美元。台湾方面于一审胜诉后，并没有“趁胜和解”之意，后来崔蓉芝向美国上诉法院上诉，和解之议也暂缓。一九八九年十二月二十九日，美上诉法院判台湾方面败诉，和解之议再兴，但并不了解对方的意图，我和崔蓉芝于一九九〇年三月在旧金山的会面，在时间点上十分重要。最后当局是以支付一笔为数一百四十五万美元的“人道恩赐金”（Exgratia Payment）给崔蓉芝，而完成“和解”。所谓“人道恩赐金”是英美法上的专有名词，也就是一般通称的“抚慰金”。

“江南案”打乱了孝武的后半生。孝武在卷入“江南案”三年后，于一九九一年七月病逝荣总。如果没有“江南案”，他的一生怎会如此快速落幕？到底是谁害了他？或是，只因为他生长在蒋家？

父亲手绘图相赠

记得一九八八年八月八日，经国先生过世半年后，孝武获在新加坡就地由“副代表”升任“代表”。第二年的农历春节，孝武就邀我们全家去新加坡过年。他的官舍还算宽敞，我们全家五口全住了进去，他和惠媚，两个孩子友兰、友松，另加上惠媚的哥哥蔡绿峰一家人，大大小小一共十九个人，都挤在一起，热闹非凡，玩得十分尽兴。

大年初三用过早餐后，孝武从房里出来，手上拿着一样东西找我，说他有一幅多年前收藏的父亲亲手画的一幅梅花要送给我。他感性地说："孝严兄，你身边至少要拥有一件属于父亲的东西作为纪念。这幅梅花画得很好，送给你保存。"我望望他，接过这幅画，说了句谢谢，当场让我想起了父亲，也追忆起一路走过的风雨，泪水夺眶而出，站在一旁的美伦和惠媚也被这一幕迟来的手足情深，感动得偷偷拭泪。这幅国画成了我来自父亲的唯一遗产。自从把它带回家后，就一直挂在客厅，我会把它一代一代传下去。

那天，孝武还补充说："父亲的画，几乎全被孝勇收走了，孝章大姐和我也只有几幅；而且在父亲过世当刻很混乱，父亲在七海官邸及在办公室里的一些重要文物，都由孝勇一人收齐保管……有些被装箱运往了瑞士。"孝武说到这些时，显然对孝勇有所误会，但他也难作干预。孝武可以从"驻新副代表"坐升"代表"，在"外交部"没有前例，当然是当局的提携；而孝勇却在父亲过世后，与当局渐行渐远，与孝武间的龃龉由是更为加深，且日趋表面化。

孤单的身影

父亲病故时，孝武到新加坡任职还不及两年，闻讯即于第二天兼程返台。抵台次日，一九八八年元月十五，他办公室林尚谦秘书来电说，孝武本想到"外交部"来看我，但因"外交部"记者太多，希望我能抽空在下午一点到仁爱路三段松树园大厦八楼和他碰面。我准时前往，他显得非常疲惫，两眼布满血丝，不停抽着烟，见面坐定后，他就直接而诚恳地问我："孝严兄，父亲前天过世了，有没有什么我可以为你做的事？从前我们谈到这件事，可能觉得有些不方便，以后应该坦然了。"我感受到他的诚恳，也看到他良善的本质。我更感到安慰，多年的努力没有白费，在这重要时刻他接纳了我。我回答说："在父亲生前，我和孝慈从不愿意让这件事，增加任何人的困扰或心理负担，以后也是如此。"

孝武接着说："我们应该顾及到中国人的伦理和亲情，不知道你要不要到荣总去瞻仰父亲最后一面？"

我答复："孝慈昨天就来找我，谈了很多，当然希望能够见到父亲最后一面，只是不晓得该怎么进行，不能贸然前往，怕引起谈论；既然你主动提起，我很感谢，希望能尽快安排，在晚上都没关系。"

孝武立即允诺："我会马上和孝勇联络，要他安排好后尽快告诉你。"孝武是在前往新加坡之后，和我的交往才慢慢密切起来。起先，每谈到父亲时都还是用经国先生称呼，到他升任"驻新代表"后，交往更多了，感情也随着增进，不久很自然地会在我和美伦面前改口以"父亲"来称呼经国先生。

那天孝武显得异常失落，情绪更是低落到无以复加。他告诉我，元月十二日晚，他不知道为什么几乎彻夜难眠，清晨四点就起床了，十三日当天，他告假在家，中午去参加一个餐会，回程就接到台北传来的噩耗。他十分感慨也感伤地对我说："以前因为身份特殊，被很多人所利用，以后这些事情可以少了。日后要怎么走下去，我不知道，我需要思考一下；可能等丧事过后，搬到海外去住。我只挂念母亲的身体，她几乎走不动，而且有气喘。”

最后，他语重心长地要我和他联系：“往后，需要相互帮助的地方会很多，要能彼此多照应。只要我能做到的，你尽管说，我都会尽力。”语句中，透出阵阵袭人的孤单。

孝勇告称父亲欲火葬

一九八五年起我和孝勇就开始接近，虽然只是断断续续，彼此相处倒也相当自然。我任“北美司司长”时，他也曾就对美关系事项，闲聊间问问我的看法，包括他想知道正在美国担任“代表”的钱复表现如何等等。

当时，外界都知道他是最接近经国先生且被信赖的人，尽管他没有一官半职，只不过是中兴电机工程公司董事长，但是他每天都陪侍父亲，而且经国先生最后几年糖尿病日益严重，体力日差，到外县市的巡访也停了下来，孝武又人在海外，孝勇成了“七海”官邸内最有权势的人。当时就有传说，不少重要公文，都由孝勇亲自携进在病榻前摘要报告请示，然后再口头转述有关裁示，就算定案。大家对他无不敬畏三分。

一九八七年钱复从华盛顿返岛“述职”，向经国先生报告双方关系现况，在搭机返回华盛顿前，要我向孝勇索取他私人专线电话，以便遇到紧急状况可及时联系。但当我向孝勇转达钱复的要求时，他居然要我转告，请他打“长途台”（二三七一七一七）即可，这个电话是当时许多高层官员都晓得的一支专线，通过它就可在紧急状况下代为查出各要员的家中电话，甚至辗转直接联系到本人接听。显然孝勇并不愿将他家中电话或他自己的专线给钱复。从这件小事上，可以看出孝勇那时的自视了。

叫我“孝严哥”

我在一九八六年出任“外交部常务次长”之后，和孝勇的交往日益增多，我本身的表现可能是促使他改变态度的原因。我在“外交部”的工作普遍受到民众肯定，一旦形成了社会形象，我就不再是几年前可以轻易压制或排挤的了。我和孝勇在事业上更没有任何利害冲突，我是谨守本分地在“外交”领域里努力，而他则是在商界发展，性质上河水不犯井水，也就容易相互接纳，进而共生共荣了。

一九八七年七月孝勇透过“鸿霖旅运公司”的合伙人邱创寿，也就是钱复先生的连襟，突然转告我他想“正式认我做哥哥”，问我意见，我当然说好，我内心有喜悦也有骄傲。七月十五日晚，由邱创寿出面邀我和孝勇，到他仁爱路三段和安大厦的住处一道用晚餐，算是不具形式的仪式，当场孝勇叫我“孝严哥”。邱创寿当场叫好，说早该如此，并且举杯向我们敬酒。

事后我把整个经过告诉了美伦、孝慈和秦孝仪，他们也都很高兴。秦孝仪后来还告诉我，他曾把这件事转报了父亲，经国先生笑笑点点头，虽然没说什么，显然很愉快。秦孝仪说，看来孝勇这个决定，事先并没有请示过经国先生，更可以看出孝勇的真诚了。

但是，过了十年，一九九七年左右，万万没料到，由于形势的急遽变化，孝勇却与我渐行渐远，实始料所未及。回想当晚的“认兄餐会”，好像就在几天前才发生一样，称兄道弟的情景犹历历在目，孝勇却早已作古。一段好不容易找回来的亲情，却被无情的政治扭曲而撕得粉碎，真叫人掷笔三叹！

父亲豁达的生死观

孝武在父亲过世第三天（元月十六日）和我会面后，就打电话给孝勇，要他安排我和孝慈去荣总瞻仰遗容的事。孝勇在当天约我见面。我在四点钟整赶到他在仁爱路八楼的办公室，还没坐定，他便急着说，父亲过世的事发生得太突然了，请我去是想知道，我和孝慈是不是要去见父亲最后一面？我说已和孝武谈过，愈快愈好，他立即说，没有问题，只是当天不行，可能要隔一两天。我说尊重他的安排，同时问了他有关十三日发生事故的经过。他很有耐心地作了追述。谈话中，看得出他对医疗小组的处置方式也相当不谅解。少顷，他主动告诉我，父亲安葬地点已选定在慈湖旁边，叫做“头寮”的地方，而且定在月底三十日奉厝。孝勇两眼红肿，显得很疲倦和沮丧，并且很感性地说：“父亲生前曾把你们的事告诉过我，而且对你感到骄傲。你和孝慈的事，老夫人也晓得。”

此外，孝勇那天还透露了一件外界迄今毫无所悉但十分重要的事。他说，父亲生前曾跟他商量，希望在身后火化，并将骨灰撒散各地即可，孝勇认为兹事体大，所以回复父亲说这不是个人的事，恐有不宜，父亲闻后默然未语云云。

父亲确有身后火葬的想法，只是孝勇个人觉得不妥，而未照办。当蒋孝刚于二〇〇四年年初面告方良女士，和他母亲商量后，已于元月二十七日去函“国防部部长”汤曜明要求将祖父和父亲移灵五指山时，我把孝勇曾提到父亲生前有火葬之意的事告诉了孝刚，让他对两蒋后事的处理能有较周延的了解。此时若提火葬之议，所涉太广，也可能为时太晚，但我必须不避讳地将此据实道出，俾让国人了解父亲经国先生对自己后事的处理，在生前是有交代的，他有豁达的生死观。

呼风唤雨不再

孝勇比孝武小四岁，比我小七岁，我很珍惜一九九〇年前后和他日趋和睦相处的岁月。一九九〇年，我以"海工会"主任身份前往加拿大访问，特地前往蒙特罗一趟，那边国民党的海外党部很小，党员也不多且均系老侨，真正目的是想去探望孝勇并安慰安慰他。那时他已举家移民蒙特罗。

我在参加一项晚宴活动后赶到他家，是在郊外山区一幢相当宽敞的独立洋房。见到面，他显得很高兴，还亲自开着购买不久、爬山专用的吉普车，很得意地载着我到一处山顶去鸟瞰蒙特罗全城的灯火夜景，的确相当壮观而有特色。四十分钟后回到他家，进到屋内他太太方智怡也出来作陪，大家聊得很开心，对我能这样老远专程去探望他们表示感谢。

尽管孝勇说他心境已逐渐平复，可是我一眼看出来，父亲虽已去世两年，对他的冲击仍丝毫未减，那是一种心理上极度的挫伤，凄凉地刻画在他泡肿的眼皮、带血丝的双眼和明显消瘦的身躯上。我关心地问他，是不是睡眠不好，怎么比从前消瘦了很多？他苦笑说："我怎么会睡得好？"

父亲过世这件事，对孝勇来说，远比对孝武来得更不易调适。一九八六年初孝武即远赴海外，已两年多不在父亲身旁，而孝勇则是形影不离、天天服侍在侧，事无大小，无所不与。故经国先生遽然离开，让他顿失依恃和重心。他要面对的，不仅是一个内涵截然不同的生活，更是一个冰冷无情的政治和只讲现实的社会。往日几乎可以喊水成冰的魔力，一夕之间消失殆尽。我理解这种剧变，不是任何处在他同样位置上的人所能承受得了的。所以，后来遇到他对我的不满，我也都能以谅解的心淡然处之。

见到父亲最后一面

我始终很感谢孝勇很诚意地安排我和孝慈见到了父亲最后一面。

元月十六日下午一点，孝勇来电说，当晚十一点他会到我在罗斯福路三段的“外交部次长”宿舍，来接我和孝慈前往设在怀恩堂的灵堂行礼。我随即通知孝慈。晚上十点半孝慈先到，十点四十八分孝勇也到了。十一点，我和孝慈搭乘孝勇的车，乘着夜幕深垂，在神不知鬼不觉的情况下直驱荣总。

我和孝慈进到怀恩堂，先在灵前行三鞠躬礼，在场尚有几位看似七海的侍卫在守灵；随后，孝勇带我们进到帷幕背后，即荣总的停尸冰库间。孝勇先跪下，由一位助手将其中一个靠中间的冰床缓缓抽出，父亲就安然躺在其中。我走近注视之，见其容貌极为安详，双目紧闭，双唇密合，应当已经作过初步化妆，唯头发略见蓬松，脸色灰白，如熟睡状。我随即跪下叩头，泪如雨下；孝慈随后亦趋前见最后一面，并下跪叩头，饮泣几不成声。这居然是我和孝慈生平第一次这么近距离地和自己父亲见面！

我边流泪边低声地喊着“爸爸”，这竟是四十六年来，首次当着父亲的面声声喊“爸爸、爸爸”。有生以来面对父亲的第一声呼唤，竟是在这样的场景。我用只有自己听得到的声音告诉父亲："请您安息，……我一定会好好努力，爸爸，请放心，请安息……"我看到泪水一滴滴落在地上，人生的悲惨，莫此为甚了！孝勇亦流着泪再行跪拜。随后，我们三人一起缓缓地将冰床推上，前后约六分钟。

拭去泪水，孝勇陪我们退出灵堂，我向他称谢后告辞。孝勇另派车分别将我和孝慈送回家，这一切都是在隐秘下进行。能见到父亲最后一面，得以无憾矣。

父亲曾交代归宗

一九八八年元月十七日，父亲过世后的第四天上午九时正，我与孝慈到秦孝仪院长办公室。秦院长先安慰我们说，经国先生过世，发生得太意外也太快，要我们节哀。他说已经知道过去两三天来，孝武、孝勇和我们接触，并在深夜安排去荣总怀恩堂见父亲最后一面的情形。他也把经国先生病逝当时的情况，作了扼要的描述，和孝勇所说大致雷同。

另外，他很慎重地说，在经国先生过世后第二天，也就是十四日下午，孝勇亲自驾车与他一同到头寮，勘察准备用来奉厝的那幢父亲生前不时前往休息的四合院；由于车上只有他们两人，谈了许多往日从未触及的话题，在途中他曾亲口告诉孝勇说："早就有一个秘密要告诉你，现在经国先生已经不在，应当是时候了。经国先生生前曾面告，要孝严、孝慈两兄弟归宗。经国先生说这话是在一年半以前，这件事我也告诉了俞国华'院长'。俞'院长'听到此一嘱咐，表示了解，而且说，孝严、孝慈都已有自己的成就，以后要协助他们。"秦孝仪安慰我们说，父子关系是天生的，不能否定，将来如何归宗，就听其自然，事实终究是事实。

当天秦孝仪这一席谈话，让我可以体会到父亲晚年的心境，对我和孝慈的事始终放在心上，他这个心愿一直到临终都未能落实。如果父亲能多活几年，我在想，或许等他卸任后，会是比较好的时机，也比较容易办理认养手续。那该是一个多么温馨的情景！但这，毕竟只是自己的想象。

晓得父亲生前有明确的交代，基于孝思，我自当不畏任何险阻，要尽心去完成它。不为别的，只因我爱父亲，生前虽然无法承欢，死后不要让他有任何牵挂。

第七章　祖父崩逝后 · 我奔丧兼程

第一次听到“蒋中正”这三个字，是在新竹读小学。

从小，和其他孩子一样，很早就从课本教材中被灌输了不少祖父年轻时的过人事迹，让我对祖父有无比敬畏。尤其那张军事委员会委员长的戎装照，英姿焕发，成了我崇拜的偶像。当然，他更高不可攀，遥远得像挂在天边的星星。

蒋委员长的孙子

一九五一年念新竹市东门国小五年级，有一次放学，和孝慈从学校后门穿过陆军眷村走路回家，有几位老伯伯们正围在树下乘凉，当看到我和孝慈时，就有一位拉开嗓门指着我们毫不避讳地嚷：“来看来看，他们就是老蒋的孙子，蒋委员长的孙子！长得好可爱的一对双胞胎！”我们完全听不懂，只用小眼睛回瞪他们一眼，加快脚步回家。但是“蒋委员长”这几个字，倒让我们记住了。

类似的事情重复发生了两三次，心中难免嘀咕，我们决定要问问外婆。有天吃完晚饭，我鼓足勇气问外婆，谁是“老蒋”？谁是“蒋委员长”？怎么我们会是他的孙子？外婆当时脸一沉，带着责难的口吻说：“问这些干什么？现在兵荒马乱，很多人家破人亡地逃到台湾，喜欢胡说八道，不要听那些人讲的话，他们有神经病！你们爷爷、爸爸、妈妈，还有姨妈、姨爹一大家子，来不及逃出来，都还在南昌；章家有一大半的人没有到台湾，我们家跟什么‘蒋委员长’怎么会有关系！以后不要问这种傻事，不要理那些人！”第二天起，外婆不准我们放学后再经过那个眷村，要我们走学校前门绕一条较远的路走回家，避开那些老兵们的指指点点。回想起来，这些老兵似乎已略风闻我们的故事。

这段经历是第一次有人，在我们面前模模糊糊地提到和蒋家有某种关联，虽然有过疑惑，但一阵子就过了，毕竟年幼，被外婆编织的故事和她严肃的表情给隐瞒了过去。现在回想起来，真不知道当时外婆被我问到这个问题时，是什么样的感受？

家徒四壁卧竹床

从小学三年级到初中，也就是从一九四九到一九五五这几年在新竹，过得还算平稳，没有任何异常，从衣着到每天的便当，以及上学用的文具，和其他同学没有两样。但是从一九五六年年后，家境突然变坏，一直到一九六〇年高中毕业，都没有好转过。

那段期间，新竹家里上上下下，可以找到唯一的电器用品，就是几盏悬在房间当中没有灯罩的电灯球。新竹的风是有名的，但到了夏天，却闷热异常。有次我和孝慈到邻居小朋友家去玩，看到电风扇在转，觉得既新奇又羡慕，回到家也不敢提，我们知道家里买不起。中央路的房子西晒，外婆带着孝慈和我祖孙三人睡在小房间，里头摆着两张竹床，到了下午就像火炉般闷热，晚上就寝时，竹床上的竹片都是热的。家里买不起窗帘，只好去文具店买色纸把窗子糊起来，后来干脆用看过的旧报纸代替。

二舅想出一个简单的消暑办法，他要我和孝慈放学后，到附近的东门市场去找鱼贩，向他们买几块用来冰鱼的便宜大冰砖回家，然后敲成大小不等的冰块放进脸盆，摆在竹床上来回移动个把小时，把竹床冰凉一些，剩下的冰块就放在房中间，让它慢慢融化，晚上就比较好睡些。整个新竹市，应当没有第二家，用这种妙方来对抗热浪的。单从这件事，可以看出我们日子的清苦。

我最能体会什么叫“家徒四壁”了。我们睡的竹床一直到进了大学都还在用，陪了我们十几年，后来竹床不仅有个洞，还会夹肉，到了夏天都要垫上两层的床单才行。从这样的生活条件来看，街坊邻居怎么都不会相信，住在隔壁的这两个双胞胎会和蒋家有任何关联!

成功岭上见祖父

我真正近距离见到自己的祖父，是一九六三年在成功岭接受预官训练的暑假。从报上得知他每年都会到成功岭向大专学生兵训话，所以一进到成功岭，我就期待这一天的到来。

八月九日一大早，我们就整队在大操场集合，足足等了一个钟头。那年祖父已七十五岁高龄，向我们致训词时，声音洪亮、铿锵有力，虽然带有十分浓厚的奉化乡音，但他吐字很慢，中气十足，而且逐字照着稿子宣读，可以听懂九成以上。我和其他全体预官学员全程持枪立正听训，一动都不敢动，足足半个多小时。我内心是激动的，全场只有我知道：“他是我祖父！”

致完训词后，他在文武百官簇拥之下，缓步走下司令台来校阅学员部队。我个子不高，站在第一排倒数第四位，祖父会很接近地从我们面前走过。我终于可以见到自己的祖父了！我兴奋得在心中呐喊。

自从外婆向我们解开身世之谜后，对祖父的感受，立即变得复杂又矛盾，好像有一种难以言喻的心理障碍要去克服。他那种历史巨人的身影，从小就牢不可破地烙印在脑海里，突然间外婆却说他是我的祖父，这是何其大的冲击。对一个十八九岁的穷孩子来说，要接受它为事实，真是太残酷了些！对这种几乎不可思议的身世转折，除了必须不露声色地去面对周遭，在人生道途上，更要隐忍住不能说出自己是蒋家人，这不是“辛酸”两个字能道尽心里的委屈。

回首过去，在那么严峻的环境中，孝慈和我竟能毫发无伤并成功地把这项天大的秘密深锁心中数十年，不怨天、不尤人，更未自暴自弃，反而知所奋进，各自在不同领域里，走出一片天来，这是外婆艰辛的代价成全了我们，只要想到那夜她热泪盈眶的双眼，和那双轻抚我们面颊、微微颤抖且布满皱纹的双手，我们就会强忍泪水，潜心向上。当十六七岁时弄清楚自己亲生父母是谁以后，我和孝慈一下子变得沉静起来，甚至内向而寡欢。这是一种内心的折磨。

那天站在成功岭的队伍里，我不只是好奇，急着想看到像是从历史里走出来的祖父，更想偷偷地感受一下自己爷爷的慈祥。

他是我爷爷！

祖父校阅时，学生队伍一律举右手扶枪行注目礼。我用眼睛余光看到他老人家从右边缓缓走过来，内心兴奋不已，心跳也加速。

他戴着三军统帅帽，披着那件招牌式的披风，带着白手套，面带微笑，步履稳健而轻快，神采奕奕，威仪慑人。当他走过我面前，接触到他目光的那一刹那，我心中一怔，真想唤他一声“爷爷”，但我不敢。他双眼炯炯有神，面色异常红润，身材没有想象中高；他威严中不失和蔼，一直带着笑容，向我们颔首回礼。他眉毛很淡，唇上的胡须已白，身体却显得健朗。我感到他很亲切，我晓得他是我爷爷。

我继续转首行注目礼望着他的背影，我问自己：“他知不知道自己的孙儿就站在这里，和所有优秀预官一样，认真地接受着严格的军训？”如果有人敢事前告诉他孝严在受训，他该会有多高兴和安慰？！

外婆说，祖父早就非常清楚我们的事。四姨妈亚梅还说过，母亲在广西桂林过世后，我和孝慈先被带到江西万安，住了一年多，再搬到贵州，两年后才回到南昌，蒋老夫人还曾差人带口信到南昌，问外婆愿不愿意把这对双胞胎交由蒋家抚养？如果舍不得，可不可以只抱走其中的一位？外婆没有答应，只告诉那带口信的人说：“我女儿都死了，两个孙儿是我命根子，他们是分不开的！”

再见面已是永隔

当我第二次见到祖父时，已是十二年之后，一九七五年我秘密从美国回台为他老人家奔丧。

我在一九七四年初奉派“驻美大使馆”工作时，深感自豪，因为我是蒋家第三代当中第一人、也是唯一的一人，经由特考及格进入“政府”工作。我在一九六八年十一月通过“外交领事人员乙等特考”，接着到“外交部外讲所”接受十个月的严格训练。“外讲所”的设立是“外交部”的创举，同期同学均自我谑称为“黄埔一期”。

十四年之后，一九八二年我出任“北美司司长”，部内就流传一则小道消息，说是当祖父获悉他的爱孙孝严考上了“外交官”，很是高兴，不动声色地命令“外交部长”魏道明立即编列预算，设立“外交领事人员训练所”，除了强化国际公法、私法、国际贸易等专业知识训练外，还安排了高尔夫球、交际舞、桥牌等那时算是很时髦的课程。听到这种绘声绘影的说法，我只有笑笑，无从证实，也无以否认。但此一传言，至少反映了一件事：“外交部”里面已经渐渐有人耳闻我和蒋家的关系。我不会向人提起自己的家世，就是有人向我打探一些真相，我都会托词闪避。

外放生涯尝甘苦

一九七四年我携眷飞抵华盛顿“驻美大使馆”，那是二月初下着大雪的寒冬。美国在冬季搬家的人不多，现成待租的空屋更少，当时“外交官”的待遇不如现在，三等秘书的月薪只有七百四十美元。“驻美大使馆”的同仁，大部分都集中住在华盛顿近郊的惠顿区（Wheaton），因房价较廉，那一带大都是美国社会里的中收入户，要不就是韩国、越南、墨西哥和从台湾地区去的移民。“大使馆”的同事程建人与戴瑞明，和媒体朋友傅建中、王景弘、王嗣佑等人也都住在那里。

因为没有积蓄，我外放时虽然领了置装费和预支的薪水共三千六百美元，因为要花一笔钱买汽车，所以在华盛顿旅馆住了三天，手头变紧，感到吃不消，于是我找“大使馆”的另一位三秘左泽华商量，让我们一家三口在找到房子前，挤到他小公寓里的客厅打地铺。左泽华是“外交部”秘书处老同事，他一口答应，由我分担他三分之一的房租，他成了二房东。我们便在他客厅住，这一住就是一个半月。

他租的公寓只有两间卧房、一个小书房、一套盥洗设备，客厅饭厅连在一起，总共四十坪上下。他们夫妇用一间卧房，还带一个半岁多的男孩，另一间卧房已分租给在“大使馆”担任会计的薛粮辉，所以我和美伦带着两岁大的蕙兰，只有在客厅打地铺了。小公寓一下子住进了五个大人、两个小孩，真够挤的了。睡在别人家客厅，是很特殊的经验，我们学会一个基本动作，就是别人就寝后，我们才能入睡，别人起床前，我们就得起来，因为要先起身收拾好铺盖，否则真的不好看。那段日子，确实难为了美伦。

巧遇孝章夫妇

一九七五年四月五日下午，祖父崩逝的消息，是从新闻报道得知，当时为之一惊，除了有失去“元首”的不舍，还有淡淡一层失去亲人的哀伤，但我不能表现出来，下午还出席了在双橡园由沈剑虹主持安排追思会的讨论。回家后，从电视上看到更多消息，美伦也流泪了。我随即跟美伦说，应该回去奔丧，并和在纽奥良杜伦大学念博士的孝慈通上电话，他说学校正要考试，无暇走开，要我也代表他回去一趟。

第二天上班，整个“大使馆”笼罩在极端凝重的气氛里，不仅没有往日偶尔传出来的笑声，大家连走路的步子似乎都放慢了。看得出来，此一重大变故，的确带给所有人深沉的不安。我悄悄以家中有急事，从四月十二日起请五天事假。

回台北奔丧途中，遇到一件没想到的事。在旧金山登机时很意外，我发现我应该喊“大姐”的孝章大姐和她夫婿俞扬和先生居然也在同一班机上，只隔两排座位。孝章大姐身着深色洋装，面容哀凄，不苟言笑，相当矜持。我和他们夫妇俩目光接触了一下，没有打招呼。我不敢确定，那天他们有没有认出我是谁？

顾及人伦坚持回台

飞机于十四日下午抵达松山机场，叫了部计程车照着王升的约定，径赴爱国西路的“自由之家”。一路上，觉得那天的街景显得特别萧瑟，敦化路和仁爱路上的椰子树和樟树，随风摇曳，呼呼的风声像是发出低沉的哀鸣。

进到“自由之家”和王升通上电话，他随即于五点三十分驱车前来，着一身戎装，一向是精神抖擞，眼神逼人。我曾从华盛顿打电话告诉他奔丧的想法，他原本有所犹豫，问我一定要回来吗？我说，如果不回去，我会永远于心不安。他说，那就隐秘一点好了，关于瞻仰祖父遗容的事，他会安排。王升还是怕我在敏感时刻回来，身世的秘密不小心被暴露出来。但是，我不认为这层顾虑可以凌驾人伦之上，我坚持回去。

那天他走进来时脸色显得有些苍白，表情严肃而神伤，先安慰了我几句话，说：“你是应当赶回来见自己祖父最后一面的。”接着便陪我一同驱车前往“国父纪念馆”，车前面坐着跟他多年的随身参谋王耀华。这辆黑轿车有通行证，一路开进“国父纪念馆”，到后面的侧门下车，换由两位穿着深色中山装的人带路，进到里面转了几个弯道才走进大厅。那时，纪念馆里里外外有数以千计排着长龙的志哀民众，不仅秩序井然且肃穆安静。

带领我进到大厅的那位先生，很客气地引导我走上最靠近舞台的较高平台，一般民众是不被允许站上去的。我肃立在上面，非常接近安放在舞台中间的蒋公灵柩，十分清楚看见祖父安详地躺在里面。这是我生平第二次见到祖父，但已天人永隔。我再也忍不住泪水，用泪眼注视着他已没有表情的脸庞，也看到挂在他胸前的青天白日大勋章，我低着头默念着："爷爷，愿您老人家在天之灵早日安息，我也替孝慈来见您最后一面。安息吧！请您保佑父亲，给他力量渡过难关。"我让眼泪流着，深深三个鞠躬后步下平台，再跟随那位工作人员，左弯右拐地走出纪念馆。

与父亲一帘之隔

就在走出大厅前，这位先生轻声说，经国先生此刻就在我身旁悬着一张黑色大布幕的后面休息。这位先生并未自我介绍，显然知道我的关系，也晓得我前来的目的，才会特别指出经国先生此时就在里面。我只轻轻点点头，没说什么，也不能说什么。

四月十六日早上，王升还安排我参加了大殓和移灵典礼，虽然不在家属席，我默默坐在一个角落，还是很安慰地告诉自己，我已尽了孙辈的孝道。隔天十七日下午飞回华盛顿上班。

这次悄然回台奔丧，在某方面没有太多实质意义，既不能公开，又没得到蒋家认同，当然更无助于对外强化"我是蒋家人"的事实。我之作此决定，只在寻求自我的肯定。若在自己祖父过世时，由于胆怯、犹豫、退缩，连尽孝心的勇气都没有，那就不配做蒋家的一员了。

第八章　亲切蒋夫人·早悉桂林城

“祖母”或“奶奶”，是孙辈最喜欢亲近的长辈和最爱撒娇的对象。可是，当第一次知道自己祖母居然是“蒋夫人”时，我却一点亲昵的感觉都没有。除感讶异之外，只觉得她离我是那么遥远；她只存在于教科书本里，也只能在新闻报道中见到她。到年事较长并了解到她和我无血缘关系后，对她的崇敬，远远超过那种亲情的渴望。反而是只读过私塾的外婆，成了我心中的“祖母”，因为从小被她一手抚养长大，而且一直喊她“奶奶”。

“永远的第一夫人”

我大学时曾以崇拜之心，细读过老夫人几篇著名的英文散文，还把它熟背。她的英文造诣举世推崇，语体的结构更是别树一格，尤其喜欢使用生涩的字汇，让美国大学生都要吃力地去查字典。就是进到“外交部”以后，我还不时翻阅她的讲稿，在用字遣词上当做学习范本。一九四三年她应邀访美，在美国国会参众两院联席会议上的讲词，更是铿锵有力、动人心弦，一九四四年抗战胜利前一年，她那篇*The Sure Victory*，几年来我都把它存放在一个搜集名人讲词的资料夹里。

她的端庄、优雅和那股神圣不可侵犯的仪态，让人印象最为深刻。从祖父率师北伐、西安事变、抗战，以及一九四九年来台，她都紧随在侧，形影不离，襄助参赞，无役不与，被称作最有能力和最有气魄与气质的“第一夫人”，无怪人们会极自然地以“永远的第一夫人”来怀念她。她许多的特质、风范以及成就，是后人无从模仿，也无人能及。从这个角度上，我对老夫人的整体感受，其实和外人相较并无太多不同，因为我从未以孙儿的身份和她独处过。

孔宋宅内深似海

外婆生前向我谈到蒋家事时，从未提过老夫人，王升、宋时选也很少谈到。到我出去留学，陆续接触到一些在台湾看不到的报道和书籍，才逐渐有了更宽广的认识。一九六九年，我被“外交部”派到比利时进修，当时在欧洲各地主张“台独”或有此倾向的学生不少，也颇活跃，卢修一就是其中之一。他在鲁汶大学修博士，我就是在这时候结识他。

那一阵子在鲁汶的台湾学生当中，正相互传阅着一本台湾的禁书——由大陆出版的《京华烟云》，那本书是假以经过考证的笔触，用小说题材来描述蒋家一些所谓的内幕故事，可读性颇高。起先我对它的内容十分好奇，读起来也颇引人入胜，到全部读完，至多让我相信其中四成是事实，其余则是穿凿附会的渲染。不过，书中有许多地方对我来说是相当新鲜的，这本书提到经国先生的生母姓毛名福梅，而蒋宋美龄女士是祖父在和毛太夫人与陈洁如离婚后再娶，宋美龄并无己出，蒋纬国则是戴季陶与日本女子所生云云。这些现在看来几近常识的事情，我在出国之前却一无所知。六十年代的台湾很少有人敢公开谈论蒋家的种种，是这本书广为流传的原因。也是从这本书，我才晓得自己的血缘祖母是在抗战期间在奉化溪口被日机炸死的毛太夫人。

从比利时返台后，有天到王升家去吃饭，他曾借机把更多有关和蒋家关系的枝枝节节告诉了我和孝慈，包括毛太夫人的传统保守、质朴善良、吃斋念佛等等。我主动问到有关蒋夫人的事，他才说到蒋夫人和父亲经国先生之间，长期存在着一些芥蒂，但父亲总是逆来顺受，恭谨如一。王升说这些，是希望我们对父亲困难的处境，能有更多的体谅。

在王升的陈述中，我首次察觉到蒋、宋两家那种千丝万缕、错综复杂的人际关系，加上与孔宋联姻而打造的庞大政治、财力版图，以及延伸出来的许多枝节与纠葛，听来完全像章回小说里的宫廷故事。我和孝慈要在这么具有排他性的空间里，独力争取成长的空间，真是谈何容易。要想在偌大的深宅大院里，无依无靠、赤手空拳地闯出一席之地，确实难如登天。除了胆识和努力外，也要靠造化了。

孝武转达夫人情

到今天，还有人怀疑到底老夫人知不知道民国二十九、三十年年间，发生在赣州和桂林的那段故事。

坊间曾有把先母的猝逝牵扯上祖父的传言。关于这一点，是没有根据的。至于说蒋介石夫妇是否早就知道我和孝慈的存在？

答案却是十分肯定。

一九九二年十二月由大陆的团结出版社出版三十万字的《蒋氏家族——章亚若传》中记述（第二五七页），父亲曾告诉母亲，我和孝慈的名字是父亲回去面见蒋委员长，由他亲自取的。而"当时是侍卫长的林尉文将军把经国先生在桂林得子的原委，报告给宋美龄的"。

父亲过世前后那几年，我和同父异母的兄弟之间才有了出其不意的互动，这是我之前不敢期盼或想象的。孝勇在父亲过世前一年就和我走得很近，而孝武则是从派"驻新加坡副代表"之后，和我之间发展出了相当接近的关系。关于老夫人很早就知道"桂林之事"，还是孝武亲口告诉我的，而且和我融洽相处的情况，他都向老夫人报告，老夫人知道后很是高兴。一九八八年七月十九日，我在日记中写着："中午十二时四十五分孝武约我到圆山饭店华秋轩餐叙，这是首次与其单独叙晤，约两小时，席间言谈甚欢，主要论及政治现况及各人物之背景。席间孝武主动提及蒋夫人，并告以，蒋夫人谓：'……和孝严目前这样关系的发展很好。'"孝武每次谈到蒋家内部种种，表情总是很认真也很正经，我可以感受到他的诚意，我不明白他为什么要主动告诉我这些，但我确实很感激他，让我觉得他是以家人相待。

孺慕堂前遇祖母

我近距离和老夫人相遇，是在"中华民国妇联总会"的"孺慕堂"。

当时我担任"外交部常务次长"，美伦和我正式获邀出席美国波士顿大学校长亲自来台颁授老夫人荣誉博士学位的茶会，时间是一九八九年六月十二日下午三点。我和美伦提前二十分钟到场，先和在场的贵宾寒暄，有“行政院长”俞国华夫妇、“国防部长”郑为元、“教育部长”毛高文夫妇、台北故宫院长秦孝仪、“妇联会总干事”钱剑秋女士，以及好几位大学校长等。当老夫人一进场，大家热诚地报以掌声，她老人家笑容可掬地向大家挥挥手，手中握着大家熟悉的白色小手绢。

那年她已九十一高龄，仍相当健朗，尽管步履稍缓，但不需要别人搀扶，也不用拐杖，耳聪目明不戴眼镜，也不用助听器，令人钦羡和佩服。她在接下荣誉博士学位后，即席发表英文演说，一口标准而浓厚的美国口音，字正腔圆，清晰有力，内容充实，文字优美，这是我第一次在现场聆听她的演说，让我无比钦敬。

那天我和美伦怀着非常兴奋的心情，期待着和老夫人见面。当她步入茶会礼堂时，我和美伦主动趋前致意。她看见我，笑眯眯地和我微微点头，我趋前致意和自我介绍：“报告夫人，您好，我是孝严……”

她很慈祥地伸出手和我握手，用乡音很重的奉化话问我：“侬好吧，侬好吧，侬在‘外交部’是吧，侬表现得很好……”

“谢谢夫人，也恭喜夫人获得博士学位。我是孝严，我在‘外交部’担任‘次长’。”我恭敬地说。

“好，好，很好；我晓得，侬做得很好，侬做得很好。”

她那么亲切，虽然只有短短几句话，我知道她当场认出我来了，也很高兴看到我在场，她老人家在握住我右手的那一刻，我多么想偷偷地喊她一声“奶奶”。她也很开心地转向美伦，我把美伦介绍给她老人家，她十分愉快地和美伦笑笑，并热切地握住她的手。

那是第一次也是唯一一次和老夫人接近，虽然只有几分钟，却令人难忘，也达成我多年心愿。而这个机缘是由自己努力挣来的，设若我未能考进“外交部”，或日渐担任较重要职务的话，就不会有人邀我出席这场茶会。一生当中，总会有几幕快乐或温馨的画面长久留脑海，那天和蒋夫人短短的交谈，是那么自然而温馨。

蒋婆婆笑迎万安

当外界有人以讹传讹地说，蒋夫人对我想认祖归宗有所保留，理由是她从来不晓得赣州的那段往事，这实在是陷她于不义。除了孝武一九八八年主动告知老夫人知情外，二十多年前的一件小事，也推翻了前面不正确的说法。

一九八六年我的男孩章万安，在台北私立复兴小学念幼稚园大班，和陈履安最小的儿子陈宇全是同班同学，由于两家住得很近，万安放学后常到宇全家去玩，宇全也常到家里来找万安，成了非常要好的朋友。

有天下午，万安从宇全家骑着小脚踏车一身臭汗地跑回家，一进门就很兴奋跑到美伦跟前嚷着说：“妈妈、妈妈，今天在宇全家看到了一位蒋婆婆，她好好喔。她问我的名字，还摸我的头，说我好乖。”

美伦听不太懂，问万安：“哪位蒋婆婆？”万安说：“就是一位好老的蒋婆婆嘛。”万安小，也说不清楚。美伦很好奇，随后便打电话问陈履安的夫人曹倩，曹倩才向美伦解释说：“下午万安到我家，和宇全一道在院子里玩的时候，正好老夫人前来探望履安的母亲（谭祥女士），我就把万安叫到楼上和老夫人见面，并告诉老夫人，这是孝严的儿子章万安。老夫人还满高兴地把万安叫到跟前，笑眯眯地摸摸万安的头，万安很大方，也很有礼貌。”

我从“外交部”下班回来后，美伦把这一段经过，详细地告诉了我，我在日记中也简要记下这一段。老夫人早就晓得我和孝慈的事，从这里就得以印证。

四次请见均难成

祖父一九七六年过世，蒋夫人不久便移居美国纽约。每次我以不同身份前往纽约，都很渴望能到长岛去拜见她。于公于私，我都该前往请见；于公于私，我比许多来自台湾得以安排晋见的人，更具备条件和正当性去拜见她老人家。

“海工会”主任求见未果

一九九〇年，宋楚瑜先生在中央党部任秘书长，透过钱复，建议我到中央党部去历练一下。当时在政界要有进一步发展，党务资历是不可或缺，于是我从“外交部常次”的职务，转调到党部担任“海外工作会”主任。这是宋楚瑜为积极落实国民党“党政人才交流”的具体做法。同一天和我一起从“行政部门”调往党部的，还有出任“组工会”主任的萧万长、台北市党部主委的吴敦义、秘书处主任的黄镜峰等人。当时的确引起社会关注和媒体重视，一般反应是相当正面的，为国民党的形象加了不少分，这是宋楚瑜在人事运作上独到之处。

上任后，以“海外党务负责人”的身份，我逐一访问美国境内的党部组织，当然包括旧金山、纽约、洛杉矶和芝加哥等大城市在内。我每到一处，都受到侨界空前热烈的接待，除了职务关系外，“蒋家背景”当然也是侨胞重视和欢迎的。一抵达纽约，我就请见蒋夫人。

蒋夫人长期以来就是中国国民党中央评议委员会主席团首席主席，我是中国国民党中央委员会海外工作会主任，站在职责的考量，应当毫不迟疑地向蒋夫人报告海外党务和侨情。真可用“天经地义”，来形容我晋见蒋夫人的要求。

当时“外交部驻纽约办事处”处长是吴祖禹，是资深“外交官”，他父亲吴经熊博士更多年追随祖父。吴祖禹一定风闻过我特殊的家世，但就像“外交部”其他同仁一样，不会当面向我提及。当然，我也从不和部里任何人谈这段连我自己当时都尚难窥全貌的“蒋家成分”。

我请吴祖禹进行请见事宜后，虽有无比的期盼，却不抱太高的希望。另外，我内心确有一丝隐约的骄傲，因为我是以公职身份请见，并不是很多人具备这种条件。等了两天后，得到的答复却是：“时间太仓促了，等下一次再说。”

对很多人来说，可能不会有“下一次”了，谁能保证将来一定能出任更高的职务再前来纽约?

虽然整个纽约的访问很成功，由于未能见到老夫人，总觉得悻悻然。

“侨委会委员长”落寞离美

没想到三年后，我却以“侨委会委员长”的身份再度访问纽约。

连战先生奉命于一九九三年三月“组阁”，在他宣布“阁员”名单前，约我到台北宾馆晤面。进到右边会客室，他已在那边等我，房间里只有我们两人，坐定后，他对我在“外交部”的表现予以高度肯定，然后直接告诉我，要我接任“侨务委员会委员长”。这是我首次正式成为“内阁阁员”，对连先生的提携，感念至今。

当我随同连战“院长”及其他“阁员”宣誓就职，在举起右手的那一刻，我骄傲地对自己说：“我是蒋家第三代入‘内阁’的第一人！”第二天，我即偕美伦前往慈湖和头寮谒灵，向父亲禀报我入阁的事，站在父亲灵柩前，久久不能自已。

一九九三年三月我访问美国五大城市。旧金山是第一站，受到侨界的热情欢迎程度是罕见的。访问旧金山后立即转访纽约，同样，受到侨胞们无比盛大的款宴。当天晚上举行侨界公宴，席开一百多桌，人气鼎沸，将餐厅几乎挤爆，许多餐桌被迫摆到走廊上，是我难以忘怀的景象。直到现在，再没有其他“委员长”访问旧金山或纽约，享有这种“荣景”。

“委员长”的职位，在老华侨心中是十分崇高的，甚至有些老人会把它和抗战期间的“军事委员会”的“蒋委员长”直接联想在一起，对他们多少产生些移情作用；在不少大型欢迎会中，我亲耳听到有侨胞刻意拉开嗓门叫我“蒋委员长”，一方面，广东话的“蒋”和“章”发音接近，另一方面，他们很清楚知道我是蒋家之后，干脆主动让我提前归宗。蒋家里面如果有人对我归宗的事，还持不同的意见，就不知道会得罪多少爱蒋家的侨胞，和伤他们的心。

我一抵纽约就像上次一样，就要求上任不久的“驻纽约办事处”处长吴子丹，和蒋夫人办公室联系，希望能在纽约期间晋见。

吴处长应允尽速照办。

这次美伦同行，对晋见的事也很期盼。第二天没有回复，吴子丹要我再等等。我便把在纽约的行程多延了一天。等到第三天，得到的答复是："蒋夫人最近身体微恙，作息时间不定，不易安排。是否等下次再说？"

我在失落中离开纽约。离开前，我没忘记要吴子丹替我送兰花给老夫人致意。

我怅然地问自己："什么时候是下一次？还会有下一次吗？"

"外长"仍是异乡人

三年半后，皇天不负苦心人，另一个"下一次"真的又到来了。那是一九九六年六月我从"侨委会"调升"外交部部长"。

我从通过特考进到"外交部"，由最基层的荐任科员做起，按部就班地升到"部长"，前后二十八个年头。我接任"外交部长"后，第一件事即驱车前往头寮谒陵禀报父亲，相信父亲在天之灵不仅高兴，而且会很骄傲，我更祈求他老人家在天之灵能保佑我"外交"工作顺利推行。

上次，我以"侨委会委员长"的身份要求拜望蒋夫人，现在更以"外长"职务，想晋见向来关心"外交"且曾经主导"对美关系"至深至久的蒋夫人，盼虚心请益，实在是再名正言顺也不过了。当我要吴子丹转达三年半前同样请求时，我心中暗忖，这次机率应当比较高，还天真地自我鼓励说："天下有几位做祖母的能够看到自己的孙儿当中，有一位能靠自己的努力而出任'外交部长'的？有这么杰出的孙儿，做祖母的当然会满心欢喜，所以这次晋见应当会安排成功。”

可是，我再次失望了。蒋夫人办公室仍用一成不变的说词要吴子丹转告我说：“这次不方便，下次再看情形设法安排。”

我心中有点激动地问：“有这么一位表现不俗的孙儿不见，那到底要见哪些晚辈？我又需要做到多高的职务，老夫人才愿意见我？”那天深夜，在华尔道夫饭店十二楼的房里，可能因为时差，也可能因为思绪起伏，我难以入眠；望着天花板，想起自己的遭遇，又回想起母亲和外婆，我眼眶红了起来。掀开客厅的窗帘，望着灯火通明的纽约街景，有身处异国的孤寂，更有我是蒋氏家族里的一个异乡人的悲怆。

有人告诉我，阻挡我在纽约和蒋夫人见面的，就是孔令仪和蒋方智怡。

党秘书长犹在门外

国民党自一九四九年迁台后，几经无数次地方选举，气势最弱、挫折最大的一次是一九九七年十二月县市长选举的惨败，全省只剩下八个县市还在国民党手里，整个国民党笼罩在愁云惨雾中。就在此时，李登辉要我接下国民党中央党部秘书长一职。

一九九九年二月，我以党秘书长的身份率领访问团，前往华盛顿。当确定访美行程包括纽约时，我暗中兴奋地跟自己说：“我终于又来了，这次肯定可以用新职率团见到老夫人了，因为她老人家是中评会的主席，党的大家长。”

“驻纽约办事处”处长已换为邓申生，他是我“外交部”同期同学，我任“北美司司长”时担任过我的副手，为人忠厚，英文底子很扎实，对我的家世也有某种程度的听闻，所以这次向他提到我将率团晋见蒋夫人时，他更乐意积极联系。

原以为这次不会有问题，仍然还是功败垂成，无法如愿。这次我不仅失望，也有些痛心。最难受的是，前后四次被拒，无法见到老夫人的挫折，还不能对外透露，外界还有人以为我不懂礼教，怎么到纽约没去拜见老夫人？

承欢膝下原是梦

从一九九〇年任“海工会”主任起，包括一九九三年“侨委会委员长”、一九九六年“外交部长”，到一九九九年中央党部秘书长，以四种身份，前后历时十年，经过纽约四次，正式透过办事处向蒋夫人办公室提出请见的要求，均被一一挡驾。后来我才知道，都是被她周边的人挡下来，我感到十分无奈也相当沮丧，但又不能有不满的反应。

很清楚的是，在这种现实下，我已不可能有机会把归宗的事，直接去向蒋夫人禀报或请示了，因为面都见不到。却有人冷言冷语地说，二〇〇〇年八月我去溪口蒋家祠堂祭祖，为什么不事先和蒋夫人商量？这说法和晋朝惠帝看到有人饿死在路上，却带着责难的口气问大臣，那些人为什么不去吃肉糜的故事，有什么两样？

我的确努力过要见到老夫人，也梦想过能承欢膝下，甚至陪陪她老人家，化解她的寂寞，更也可以让我及孝慈的孩子，一共两个曾孙、三个曾孙女去到她跟前，在她孤寂的晚年里，带给她一些童语和笑声，这该是多么美好的一幅天伦之乐图！但这只是一个梦。

从另一个角度想，难道原本不就该如此么？我一直不解，在那么多受过蒋家恩惠的人当中，却不见有人主动出来从旁协助此事，让蒋家内部遭遇的纷杂能够得到较为圆满的解决。或许他们认为太复杂了，避之唯恐不及。于是最后，就只剩下我自己一个人，独力在逆势操舟了。

夫人过世心情怅然

蒋夫人于二〇〇三年十月二十四日上午十一点十七分（纽约时间二十三日深夜十一点十七分）在纽约寓所逝世的消息，很快就传到台北，一位媒体朋友在十一点四十左右打电话到“立法院”告诉我这件事，我虽然不惊讶，还是很失落。当我跟美伦说：“老夫人过世了！”她也是愕然，若有所失，但随即很平静地说：“老夫人算高寿了。”美伦的反应，和我近似。

对我来说，“蒋夫人”这三个字，在情感上，从未和祖母打上关联。当外婆于一九六一年缠病多年，在睡梦中骤然去世时，带给我情绪上的冲击和悲哀，远比蒋夫人的离世要大多了。外婆过世，有如晴天霹雳，让我和孝慈顿失依恃，哭了好几天，有几个夜晚，还躲在被子里饮泣，无以成眠。

对蒋夫人的过世，感受上是失去一位对社会有了不起贡献的伟大女性，有失落和哀愁，但没有失去近亲长辈的哀恸。当天媒体在“立法院”问到我的感触，我直觉到的是她的智慧、才华和勇气，脑海中浮现的是她的奋斗和杰出建树，据以赞扬。我对老夫人的钦崇，都是在公领域内，和老夫人之间，未能有过亲情的对流，因为从来不存过祖孙共处的天伦融乐，或老祖母对小孙儿的嘘寒问暖或殷殷叮咛。

当局治丧失当

自从祖父、父亲、纬国将军相继过世，以及老夫人赴美之后，整个蒋家霎时像是少了“大人”，凡遇重要事件，都看不到有人出面做主，几乎失去了重心。老夫人后事的处理，在过程和安排上是不够周延、完备的，更缺乏政治层面的涵盖，也没有历史纵观的深度。

十一月十二日上午，我在“立法院外交委员会”就以“召委”身份，严词指责简又新“部长”在蒋夫人治丧事宜上没有尽心，“驻美代表处”没有尽力！虽是民进党执政，但在处理历史人物的追思上，应当只有黑白而没有蓝绿。一个在中国近代史上极为重要的丧礼，却没有让蒋夫人享有应有的哀荣。整个治丧前后，孔宋两家的意见好像比蒋家为重，但老夫人早已是蒋家人了，除非蒋夫人另有遗嘱交代，否则真应当安葬在台湾和祖父在一起。

正义，从不主动存在

十年前，我已看出来，若要完成归宗，只有靠自己了，因为蒋家已经没有人有能力处理这件事。虽然还零星看到有几位从前和蒋家关系密切的大老，但也都会以这是“家务事”，而不想插手，他们顶多在口头上给我一些安慰，或表示关心。他们不会为我的事，提出任何建议或主张，而冒险去得罪少数一、两位孔家或蒋家的人。世上本来就没有不自私的人，也没有不现实的人，只是有人会掩饰，有人较露骨罢了。所谓“正义”两字，在我归宗之路，不曾主动存在，是用自己的毅力和汗水写出来的。

第九章　梦里唤父亲 · 梦醒泪涔涔

虽然不少人知道，我和孝慈在成长过程中并没有得到蒋家特别照顾，但还是有人把孝慈日后在学术界的发展，从教授到东吴大学校长，以及我在“外交”领域里能相对地“一帆风顺”，完全说成是因为“他们是蒋经国的儿子”；不会有人相信直到经国先生逝世前，从未以父子关系和我们私下见过一次面、谈过一次话，更未给过我们只字片语。

事实上，也不曾有任何一位长辈或长官告诉我，有哪一件事、哪一个职务，是因为经国先生的交代，而为我们进行的。

不借特权觅仕途

一九七七年我从“驻美大使馆”调回台北，是仕途上一个重要转折点。当年五月在华盛顿知道“外交部”有意调我回部时，我曾犹豫要不要在外放不到四年就回部服务？如这次回“外交部”担任科长，以后的路又该怎么走下去？是等几年后再外放？或就待在岛内发展？这一切的一切，像是站在人生十字路口上，错一步都不行，只有靠自己思考、判断。

我曾告诉美伦，此刻我多么希望从父亲那里能得到一些指引，但，我见不到他。

虽然一九七四年外派华盛顿，最后是获得经国先生的同意，但一九七七年调回岛内的事，他则完全不知情。钱复先生最清楚这件事，正是他在每年例行访问华盛顿时，当面建议我回去接科长的，而且要快，他说，这个职位不能悬太久，是不等人的。经过深思，我毅然于那年秋天回到台北。

在职场上真正第一个提拔我的人，不是父亲，而是钱复先生，因为他，我才有机会出任“北美司科长”，然后一路升到“司长”。不过，从“司长”要调升“常务次长”时，却因为是“蒋经国的儿子”，反而遭遇到了阻力。

一九七七年十月，我从美国华盛顿调回“外交部”任科长，熬到“北美司司长”，也超过九年。这期间我全力投入对美关系的处理，当时的“北美司”，甚至一度被媒体称为“天下第一司”。

在这一阶段，我之所以能比同侪有较快的发展，和钱复鼓励我于一九七八年参加“外交领事人员甲等特考”有关。该项考试过程激烈而冗长，包括著作审查和三小时的口试。主持我口试的，是叶公超和沈昌焕两位“外交”耆老。同年同榜幸运过关的，还有宋楚瑜、黄秀日、胡为真等人。通过“甲特”，就得以从“荐任”改派“简任”，一下子缩短了在官僚体系里至少五到八年的时程。

擢升对父亲不妥？

一九八六年五月，“外交部”两位“常务次长”中有一位出缺，对我来说是迁升的机会。当时的“部长”朱抚松和“政次”丁懋时，都有意把我从做了三年半并表现优异的“北美司司长”职位上直接擢升，但都不敢贸然向经国先生提这件事，只有旁敲侧击地向“外交部”老部长、时任“总统府”秘书长的沈昌焕先生先试探一下，测一测水温。没想到沈昌焕当即有不同看法，认为这件事还是缓一缓，不要急。

过了几个月仍没有动静，我便设法透过秦孝仪去打听原委。过了几天，秦孝仪回复说，沈昌焕认为虽然我担任“北美司司长”多年，表现不恶，且略有知名度，但坊间最近有不少关于我是蒋经国儿子的传闻，党外杂志也时有报道，连孝武、孝勇两兄弟都听说了，所以，如果我出任“常次”，会因工作需要而经常陪同贵宾晋见经国先生，就无可避免地会时常出现两人同时在电视上的镜头和画面，引起坊间更多议论，对经国先生来说，恐有不妥云云。

听到秦孝仪转述沈昌焕的顾虑，乍听之下，不是全无道理，心中也为之一寒，如果按照上述推论，只要父亲在任一天，我就无法出任“次长”或担负更重的责任了。

这次出任“次长”的机会，被活生生地挡了下来。秦孝仪要我忍耐，将这粒苦药吞下去。夜深时刻，回想到我和孝慈长年以来，逢事无不先为蒋家的困难考量，学会了忍气吞声；可是，谁又同情过我们的遭遇？蒋家有谁曾为外婆考量？曾为先母考量？或曾为我的妻儿考量？在升任“次长”这件事上，我期盼和争取的，无非是一个靠自己的实力，想进一步为社会服务的机会。我不会轻易认命，我必须扭转情势。

孝慈在北京病重期间，《亚洲周刊》进行了跟踪报道。

1995 年蒋孝严参加电视辩论。

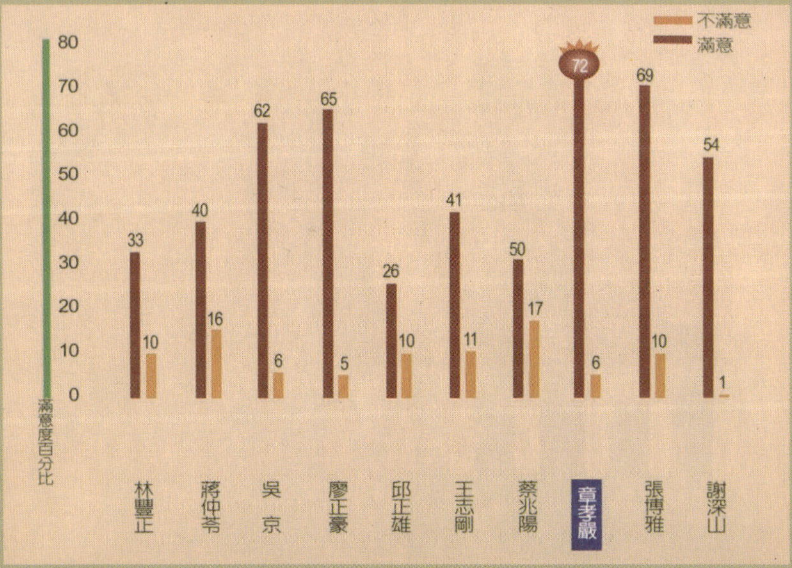
不滿意
滿意
80
70
60
50
40
30
20
10
0
滿意度百分比
33
10
40
16
62
6
65
5
26
10
41
11
50
17
72
6
69
10
54
1
林豐正
蔣仲苓
吳京
廖正豪
邱正雄
王志剛
蔡兆陽
章孝嚴
張博雅
謝深山

施政满意度

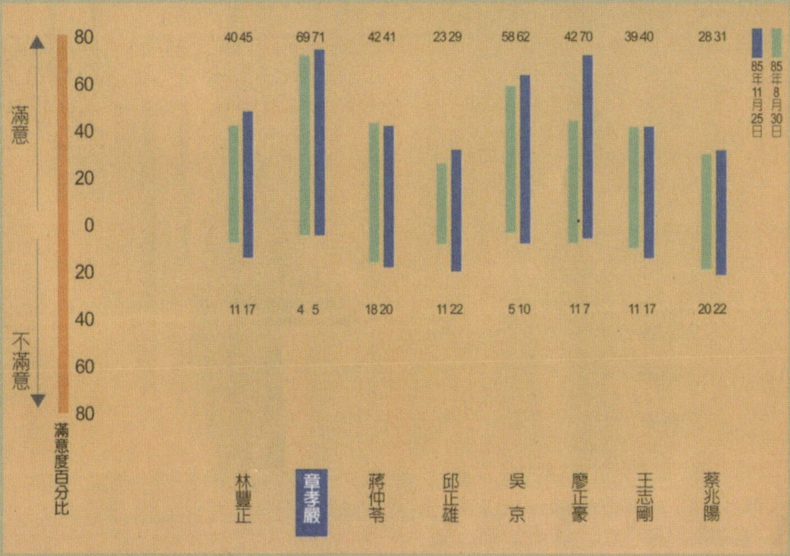
滿意
不滿意
80
60
40
20
0
20
40
60
80
滿意度百分比
85年11月25日
85年8月30日
40 45
69 71
42 41
23 29
58 62
42 70
39 40
28 31
11 17
4 5
18 20
11 22
5 10
11 7
11 17
20 22
林豐正
章孝嚴
蔣仲苓
邱正雄
吳京
廖正豪
王志剛
蔡兆陽

表现评价

1997 年的全家福。

蒋孝严与妻子黄美伦。

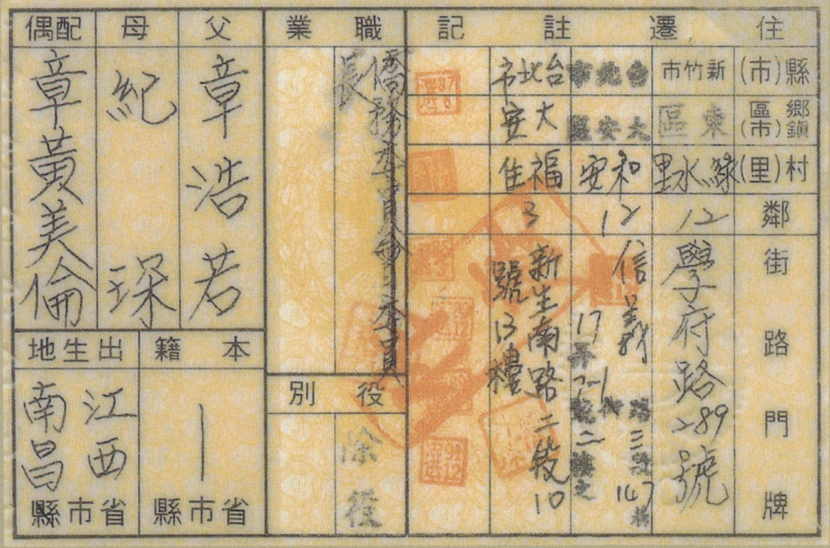
配偶 章黄美倫
母 紀琛
父 章浩若
職業 僑務委員會委員長
役別 除役
本籍 省 市 縣
出生地 江西省 南昌縣
住址遷註記
縣(市) 新竹市 台北市 台北市
鄉鎮區(市) 東區 大安區 大安
村(里) 綠水里 和安里 福住里
鄰 12 12 3
街路門牌 學府路289號 信義路三段147巷17弄2號之1 新生南路二段10號13樓

蒋孝严改姓父姓之前的身份证。

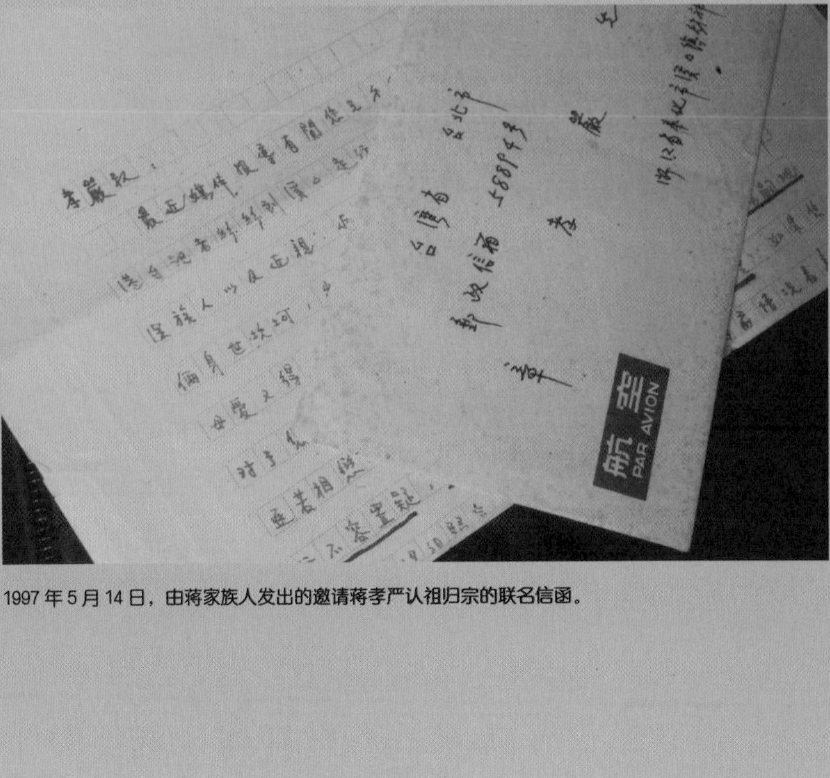

1997 年 5 月 14 日，由蒋家族人发出的邀请蒋孝严认祖归宗的联名信函。

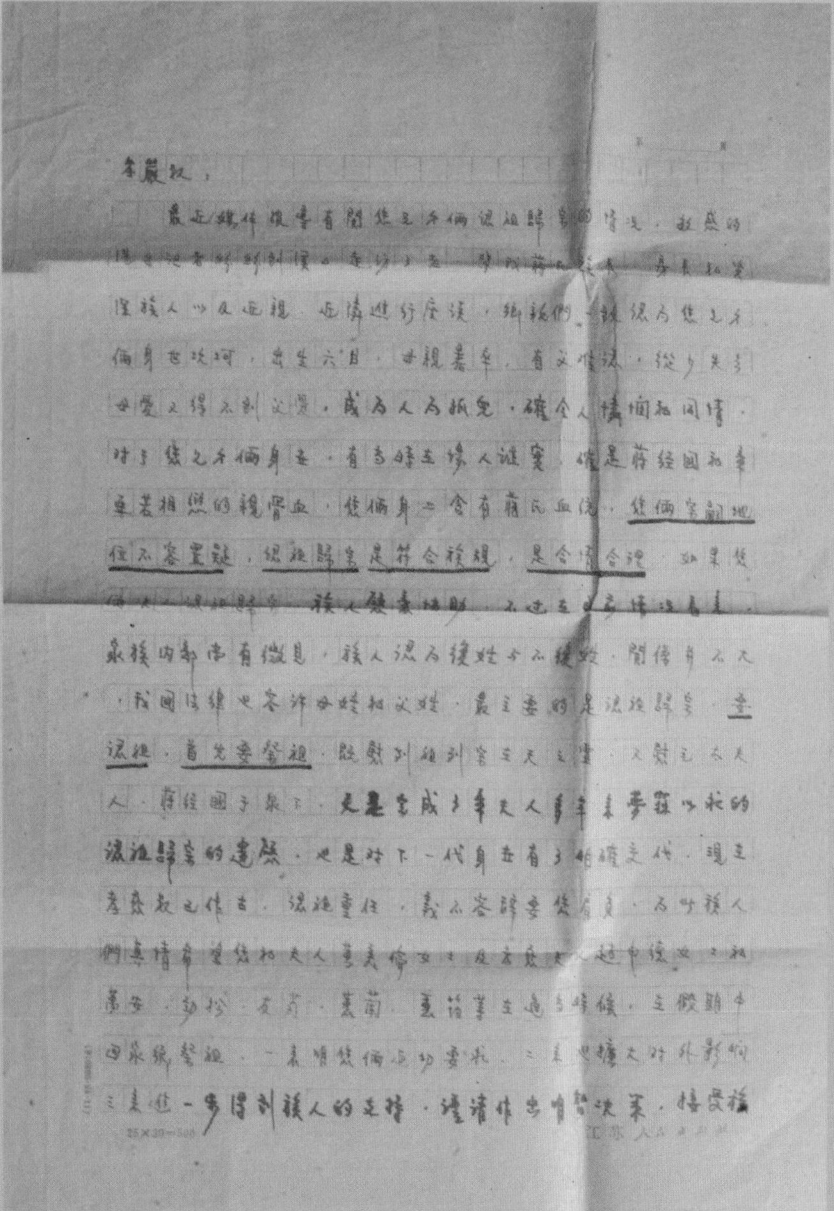

孝嚴叔：

最近/幾件報導有關您兄弟倆認祖歸宗的情況，故感的
[illegible]
溪族人以及近親，近請進行座談，鄉親們一致認為您兄弟
倆身世坎坷，出生六月，母親暴卒，看父唯認，從少失去
母愛又得不到父愛，成為人為孤兒，確令人惋惜和同情，
對于您兄弟倆身世，有書籍主場人證實，確是蔣經國和章
亞若相戀的親骨血，您倆身上含有蔣氏血統，您倆宗嗣地
位不容置疑，認祖歸宗是符合族規，是合情合理。如果您
[illegible]
家族內部尚有微見，族人認為隨姓亦不隨姓，關係并不大
，我國法律也容許母姓和父姓，最主要的是認祖歸宗，要
認祖，首先要祭祖，能對列祖列宗之天之靈，又對已故夫
人，蔣經國子家下，更是完成章亞若夫人多年來夢寐以求的
認祖歸宗的遺願，也是對下一代身世有了明確交代，現在
孝嚴叔之作古，認祖重任，義不容辭要您肩負，為此族人
們真情希望您和夫人連同子女及孝慈夫人遺下後代之孫
萬安、[illegible]、[illegible]、[illegible]、[illegible]等全家適當時候，返鄉回中
國家鄉祭祖，一來悄您倆心切要求，二來也擴大對外影響
三來進一步得到族人的支持，懂請作出明智決策，接受福

蒋家族人寄给蒋孝严的认祖归宗信函。

1997 年，蒋孝严（右）与萧万长（左）一起处理公务。

1997 年连战与蒋孝严。

1997 年，蒋孝严（左）就职后，与同仁讲话勉励。

1998 年 12 月蒋孝严出任中国国民党秘书长。他身后摆放的是他祖父和父亲的合影。

蒋孝严在非洲。

1998 年蒋孝严与妻子黄美伦摄于酒会。

蒋孝严夫妇出席酒会。

1998 年蒋孝严与妻子黄美伦在新春舞会上翩翩起舞。

2000 年 12 月 23 日，蒋孝严夫妇第一次相携前往大陆，与各地台商见面晤谈，并于上海与时任海协会会长的汪道涵（右）会面。

2001 年 5 月 24 日，蒋孝严率团访问大陆，受到国务院副总理钱其琛及国台办主任陈云林亲切接见。

结婚 30 周年庆，与妻子摄于台北圆山饭店。

2002 年，蒋孝严为两岸包机直航在“立法院”提出质询。

蒋孝严为两岸包机直航提出质询。

2002 年 8 月下旬，蒋孝严夫妇探望移居美国洛杉矶的大舅妈（中），并借大舅妈的数根头发，作为认祖的 DNA 比对证明。

蒋孝严在台北喜来登饭店的认祖归宗茶会上。

2002 年 12 月 24 日的归宗茶会上，蒋孝严（中立者）与家人一同上台，与亲友共同庆贺。右起为蒋万安、黄美伦、蒋蕙兰、蒋蕙筠。

秦孝仪间接递送关怀

长期辅佐经国先生的秦孝仪院长，在一九八〇年前后和我及孝慈渐有互动，这是因为我在“外交部”的工作，逐渐与台北故宫博物院有较多联系的缘故。担任“北美司司长”时，举凡有重要的美国参众议员前往故宫参观，均会由我陪同，而每次秦院长都亲自接待，于是和他见面的频率就多了起来。在此之前，和他可说是素昧平生。

我对秦院长很尊敬，至今当面必称“孝公”，他对我也很爱护。孝公早年追随祖父，后来更辅佐父亲。他曾私下跟我说，能和蒋家三代维持难得的关系，算是可贵的机缘。后来秦院长经常邀我和美伦到故宫小叙，每次也都会邀约孝慈和申德同往。秦院长年高德劭，又和层峰来往密切，他的嘘寒问暖，让我们可以间接感受到一些来自蒋家的温暖。我不知道他这么做，是否来自父亲的授意或暗示？

秦院长民国十一年生，长我二十一岁，由于他的体态和举止，比他实际年龄看来还要大些，我们把他也当成父执辈的长者，对他说的建议，我们都充分尊重。

这次发生“蒋家身份”阻碍仕途的事，在以往只有去找王升想办法，但他于一九八七年就因功高震主被下放到离台湾最远的巴拉圭担任“大使”，直到经国先生过世两年后，一九九一年才奉调返岛。那段时间里可以谈上话和帮上忙的，仅剩下秦院长了。

知道沈昌焕对我出任“次长”有意见后，我想出了一个折中的做法来解套。

我去见秦孝仪并告诉他，设若我担任“常次”，可以把“外交部”三位“次长”的业务分工重作调整，我可以不主管北美业务，并承诺在日后所主管区域内的任何贵宾会见蒋经国先生时，都不由我陪见，改由“政次”丁懋时或另一位“常次”前往。多年来丁懋时虽不多言，但对我的境遇十分了解，也曾暗中施以援手。秦孝仪把我的想法和丁懋时商量后，认为可行，于是由秦院长来进行。以他数十年在官邸里磨炼出来的老谋深算，终能把我遭遇到事业上的第一个瓶颈打破。他告诉我，他伺机私下向经国先生做了非常婉转的陈述才获得首肯。然后他再把经国先生的决定转告沈昌焕，沈昌焕也就不能再说什么了。

很多人以为有蒋家的背景真好，在工作上必定飞黄腾达。但是，从我大学毕业到进入“政府”部门工作，父亲不曾提拔过我一次，这次升任“次长”的波折就说明了一切。

外放美国受阻挠

其实，早在一九七三年底，距离当时十四年之前，我就遭遇到强烈的干扰。

一九七二年九月，我从“欧洲司”二科调到“常务次长”陈雄飞办公室担任机要秘书。当时和我同一个办公室担任“部次长”机要的，还有张炳南、吴子丹和乌元彦等人。在秘书处的工作时间不仅很长，性质和内容也繁重，却是磨炼的机会，至少对“外交部”各个司处的业务，能有较为全面和整体性的认识。一般来说，担任过“部次长”机要的，日后外放的地点都会是比较热门的美国或日本。我也不例外，在一九七三年十二月接到部令，外放到许多年轻

"外交官"梦寐以求的美国旧金山，出任"总领事馆副领事"。

拿到这张派令，我心中的喜悦非比寻常。它不仅代表了多年的打拼总算有了结果、从小答应外婆要争气的支票逐渐兑现了，也代表靠自己的才智而非家庭关系，可以和其他年轻人一样，在竞争激烈和公平的环境中，成功地迈出"外交"生涯上美好的第一步。

自己打拼到手的！

那天一下班，我急着回家告诉美伦这个好消息。她也十分兴奋，因为她知道做"外交官"，是我多年夙愿。结婚前追求她的时候，我刚考进"外交部"不久，曾向她夸下海口，我会做一个出色的"外交官"，要她嫁给我，她会是我工作上最好的帮手和伴侣。到"驻旧金山总领事馆"出任"副领事"，虽不是什么了不起的官位，已令我深感骄傲，在心中的一个角落，听到微弱但清晰的声音在说："你比许多只依赖家庭背景和财富来创业的人强多了，你的第一张派令，是自己打拼到手的！"其中的喜悦和甜美，只能和美伦分享，因为只有她才能体会。

当天晚上我很高兴地打电话给王升和宋时选，转告他们这个好消息。但是在电话中，他们显得有点意外，他们不晓得我怎么会这么快就外放，仍向我表示恭喜。电话中我特别请王升向父亲转报这件事，同时，我提出想在出国前和父亲见面的请求。

那时我和美伦带着女儿蕙兰，一家三口租住在新生南路三段龙安国小对面的巷子里，是一幢四楼公寓的二楼，收到部令时，正好租约到期，我们决定不再续约；正巧同一办公室的乌元彦在连云街的公寓暂时空着，可以让我们借住两、三个礼拜，我和妻小就搬了进去，作好外放的准备，包括零碎东西的采购，从日用品到碗盘都需购置，衬衫西装也都要订制，另外抽空接受同仁的欢送，忙得不亦乐乎。机票也订好，置装费也领了，一切就绪后，在喜乐中等着启程。

宋时选传达“上面”之意

当我们搬进连云街公寓两个礼拜后，宋时选表哥突然来访，一进门就很客气、委婉地说：“我已经向‘上面’报告了你外放的事，他很高兴；但是‘上面’不太放心，认为旧金山的侨界太复杂，最好不要去，继续留在‘外交部’工作就可以了，不必急着出去，在这里照样可以升迁。你条件这么好，到时候会帮你忙，慢慢做，该升科长时，就可以升科长，在台北方便多了，比到人生地不熟的地方好。我负责另外替你们租个公寓安定下来。‘上面’是为你好，虽然你已作了出去准备，还来得及调整；至于‘外交部’方面，你不用担心，我们找个理由和沈‘部长’说一下就可以了。希望你打消去美国的意念……”

听完宋时选一连串的陈述，我真是大吃一惊，但我只笑笑说：“表哥，这怎么可能，我都准备妥当。机票买了，可以退，但是我做‘外交官’的主意是不会变的；我只求和平常人一样就好，我从不期盼有什么特殊的安排，现在我能正常发展，反而要来阻挠我，这是不对的。我不知道‘上面’在顾虑什么？如果我连美国都不能去，我以后还能到哪个国家去当‘外交官’？如果我没有外放的经验，我又怎么可能留在‘外交’界？请让我和一般人一样，按部就班地做事，这是我最低的要求，也是我最高的期望了。拜托表哥尽快向‘上面’反应，帮忙替我说说话，同意我去上任。”

那段时间，每和宋时选谈到父亲时，他都以“上面”来称呼，偶尔会说“经国先生”；但王升和我们谈话中，则很自然地说“父亲”如何如何，让我和孝慈听在耳里，好受多了。

王升奉命劝退

从大二开始，每隔一段时间王升会邀我和孝慈到他在和平东路的家去吃吃饭，我们叫王升夫人熊慧英女士为“王伯母”，因为我们一直喊王升为“王老伯”。这种称呼其实不妥，因为他比父亲还小七岁。有一次他要我和孝慈改口，不要叫他“老伯”，他说父亲是他的老师，要我们以“师兄弟”互称，我们忙说怎么敢当，后来就一直没改口，直到今天还是称他为“老伯”。每次到王升家吃饭等于是打牙祭，都是由王伯母亲自下厨。当我和孝慈从美国回台后，几乎每年生日，都是在王家过的，除了他外放巴拉圭那八年期间中断，没有一年例外。所以每年元宵节前，就会接到追随王升数十年忠心耿耿的参谋王耀华电话提醒我们前往。

王升几十年来对我们的用心，很令我们感激，他多少在心理上想分担一些父亲无法养育我们的自责，也似乎在设法弥补母亲猝然过世所造成的遗憾。外面传说，我和孝慈是王升受父亲之托，把我们放在他家从小带到大，则绝非事实，我们从未在王家住过一晚。王升和宋时选应当是奉令负责照料我们生活，包括把费用送到新竹，交给外婆或二舅澣若。直到大学毕业，成年之后，孝慈和我与王升之间才有直接来往。长期他扮演长辈角色，我们对他的意见很少违逆。

当宋时选劝阻无效、铩羽而归后，便由王升来继续劝说。

有天下雨的夜晚，他来到连云街，用宋时选雷同的说辞，要我放弃赴美，并以确切的口吻保证，如果我同意留在台北，照样可以有很好的仕途发展。他也强调旧金山侨社的复杂，他说除了左派，还有独派，并以两年前（一九七〇年）在纽约发生“台独”分子刺杀父亲的事件，提醒我万一发生什么意外，这个责任谁担得起？王升本来口才就出了名，那晚更是说尽了好话，就是希望我改变初衷，留在台北不要出去。他直说了，是受了父亲之托来劝服我的。

坚持走自己的路

可是，我真不能确定到底是不是父亲的意思。虽然王宋两人讲了许多理由，还是牵强，很难让我觉得有道理，我只是去做个小小的“副领事”，哪有可能引起独派或左派分子的兴趣而会对我如何？况且七十年代初，海外晓得我背景的人是少之又少，就是知道了，在美国这么开放的社会里，绝不至于有人会冒进。他们说辞中，最不能让我接受的，反而是他们的保证，说只要我不出去，照样可以在“外交部”里晋升等等。这和我以参加“外交特考”方式进入“外交部”的想法，是背道而驰的，我从来不以特殊的身份看自己，也不想要别人用特殊的眼光来衡量我。我所追求的，不过是做“单纯的自己”，工作若有进展，也只是由“单纯的自己”奋斗得来的。我从不奢求得到优于别人的待遇，但为什么现在连做“单纯的自己”都要那么难？设若我顺着王升的意思不外放，一直待在部里依靠蒋家关系做事，将来哪有本事去公平竞争？仅借由外来的关照，在职务上有所升迁，这不是我所要的，它不会持久，更有局限性。

最后，我很坚决地回复王升，我还是要去旧金山上任，我所企求的只是一个正常的生活，我不要什么特权。我把内心的挣扎向他详细地说了一遍，更要求他向父亲转报我的思考，企盼给我一些属于自我的空间。我强调，我不要别的，只要“和别人一样”。他拗我不过，只好失望地说他回去反映反映，设法说说看，但没有把握。他离开后，美伦心情也沉重起来，没想到具有这种看似比别人要强许多的背景优势，反而滋生了困扰，这是外界很难相信的事。

当夜，我彻夜难眠，半夜一点多干脆起床，趁着夜深人静，走到书桌提笔就写了一封长信给父亲，清楚陈述我之所以坚持外放的五大理由。隔了三天，王升再次来到住处，仍像上次一样劝我不要赴美，但语气和缓多了。我用非常温和的态度，坚持立场，同时当面交给他前晚深夜写好的信，请他转呈父亲。他看到我丝毫不动摇，也只有笑笑，望着我说：“你的固执，倒有几分像他。”

改调华盛顿首府

又过了三天，再次碰面时，王升只好妥协了。他说已把我的决定作了转达，既然我执意“外放”，那就改到一个华侨较少的城市去父亲才放心，看来看去，美国首府华盛顿是行政中心，侨胞相对较少，只要我同意，可请“外交部”改派人事命令。我说只要正常“外放”，去哪里我都愿意。两天后，王升亲自去见沈昌焕细说原委，也因此沈昌焕才恍然知道经国先生是我父亲，他当即交代人事处，将我从旧金山改调“驻美大使馆”担任三等秘书。我尚未到旧金山“总领馆”报到就改调他馆，还是“外交部”头一遭。

由于没有接受王升的劝说，使原本的困境变成了转机，不仅维持前往美国“任职”，且改派的地点更是所有“外交官”的第一志愿——“驻美大使馆”。如果我没经过华盛顿的历练，往后在政界可能会走上不同的一条路，说不定永远没机会一步步地从科长到“司长”、“次长”，再出任“部长”，后来做到国民党秘书长和“总统府秘书长”。如果没有一九七三年的坚持，往后在政坛的走势也就有限了。命也？运也？

咫尺父亲天涯路

我政治生涯后半段的发展，不可否认多少得到蒋家间接的庇荫，但这已是在我担任“外交部次长”以后的事了。

那段期间，有些人侧面耳闻我特殊的蒋家关系，误以为我能上达天听，便以我能感受到的方式略施小惠，他们或许在盘算，有朝一日，说不定我会回馈他们一臂之力；他们不知，我和父亲之间完全没有互动管道。另一方面，也有不少人物倾靠在孝武、孝勇那边。七十年代末期，若干好友婉转提醒我和孝慈，有人在暗中抵制我们，这些情形我们了然于心，却强化了我们的意志力，要将全部心力投注在工作岗位上去寻求突破、改变现状。

“蒋家因素”在人生道途上所造成的意外磨难，对我和孝慈确实反而成为一种激励。我早就学会把身世带来的痛苦隐藏起来，绝不允许它伤害到无辜，譬如自己的孩子和家人。婚前多次要求与父亲见面，都没有结果；到娶妻生子，更渴望见父亲一面，相信父亲若是看到美伦和可爱的蕙兰，他老人家一定会很高兴，能让父亲快乐就是孝顺。这个单纯的心愿，每次都石沉大海。

我和孝慈很能体谅这事的难处，若真要会面，地点就不容易找，万一有闪失，后果可能很严重。除了对王升支吾的搪塞感到沮丧外，我们又能做什么？要是在一出生就失去父母，长大后根本对双亲没有概念，也就不会有所思念，更没有会面的渴望。但是，我和孝慈境遇不同，世上找不出第二个相同的例子。虽然像孤儿般由外婆带大，但我们懂事后就知道自己父亲是谁，且近在咫尺，怎么可能不想早点见到他？

蒋家到底给了我们什么？

白天工作繁忙比较容易压抑，但每到夜深人静，心绪就容易起伏。结婚成家后，更多了一层责任的驱使，常常觉得愧对妻子。一九七七年从美国回来后，有几个夜晚，妻儿都睡了，我在书房看书到半夜，积极准备“甲等外交特考”。有天半夜看完书，走进卧房，望着熟睡中的妻子和七岁大的蕙兰、一岁多的蕙筠，因为就是当天早上，王升回复还是没法子安排见到父亲，一阵心酸感到好对不起她们，我眼泪流了出来，叹口气，摇摇头，又静悄悄地走回书房。

那一阵子，每隔一段时间，我就会梦见父亲。有一晚，在梦里模模糊糊地见到父亲笑容满面地远远迎面走来，穿着轻便夹克，我好高兴地连叫几声：“爸爸！爸爸！”他还笑着抚摸我的头，然后一下子就不见了。我急着再叫：“爸爸！爸爸！……”到处找他，我急得眼泪从眼角流了出来。

美伦被我喊叫声惊醒，急忙把我轻轻摇醒，她听到我在睡梦中的低声饮泣，她摸摸我脸颊，是两行温热的泪水。美伦顺手将我搂在怀里，叫我不要难过，她自己却也跟着哭了……

第二天一早，我若无其事地到“外交部”上班，出门前，我感慨地跟美伦说了一句话：“蒋家到底给了我们什么？”

第三篇

逆流向上

NI LIU XIANG SHANG

第十章　赤手闯天下·“外交”搏名声

我会踏入政治，和我是不是蒋家人无关。

高中二年级，我就像其他年轻人一样，对未来开始织梦，自忖有一天会走上“外交”这条路。

自己选择走“外交”

在省立新竹中学高中的六个学期里，每学期我都参加英语演讲比赛，每次都能获得优胜。把奖状拿回家时，便一张一张往书桌前面的墙壁上贴，很快就碰到了天花板。外婆只要看到我拿奖状回家，就会绽开在那段苦日子里少见的笑容，我好高兴能见到她的喜悦和骄傲。那时她身子已经不好，三不五时二舅妈会煮一小碗肉饼汤给她老人家补一补。如果我拿奖状回来那天，正好碰上外婆有肉饼汤喝的时候，她总会留下半块要我吃，她说吃不下。我知道，这是外婆给我的犒赏，因为她没有钱去买其他东西给我。我喝这半碗汤时，眼睛的余光可以见到她脸上的满足和期许。

新竹中学早期的学生，没有人会忘了辛志平校长。他对高中阶段是通才教育的坚持，和自由学风的倡导，至今仍为校友津津乐道。他尤其重视英语教学，让不少学子受益，我就是其中之一。他规定上了高中就要养成使用英英字典的习惯，每天中午午休时，还利用教室走廊的扩音器，播放半小时的“林格风英语会话”，强迫学生听。每学期每一个年级都举办英语演讲比赛，使得当年竹中的英语水平不比台北几所名校低。

高中三年当中，由于英文成绩显得突出，我很自然想到，从事“外交”应当是合理的。真正影响我的决定，是高二上历史课，读到清末那段割地赔款、丧权辱国的惨痛过程，使我血脉贲张、义愤填膺，萌生了“外交”报国的意向。就这样，完全凭借自己的思索，在生涯规划上，寻找起点。

因为我是他儿子

得不到父亲的指引，是一种心理上的挫折，可以使人变得沮丧，但我选择了坚强。我确曾在心中埋怨过他，但这种环境，让我和孝慈在心智上反而变得比较早熟，会试着去体谅他的难处，仿佛还听到另外一种声音——就只因为是他的儿子，将来就必须要能为国家做些事情。虽然这只是很模糊的概念，但在下意识里，一种想追随父亲的脚步、服公职的意念，很早就很强烈。

尽管年幼经历过穷困，却从未有过经商的念头，从高中到大学，一心一意就想进“外交部”，做一个职业“外交官”。当初很辛苦地考进“外交部”，做梦都没想到有一天竟然会跨出“外交部”，转到完全陌生的国民党中央党部去担任秘书长，后来还去参选公职，变成不折不扣的政治人，这不是我原先编织梦想的一部分。政治道路上后半段，被客观环境所迫而扮演的几个角色，和我进“外交部”之初，只想以顾维钧、叶公超等人为标杆，终生献身“外交”的书生心愿相较，实在落差太大，只能说非始料所及。一个人的命运能够自己掌握的部分，可以到四十岁，以后的就要靠造化了。

“外交部”历练完整

我刚考进“外交部”时，和其他同侪一样，最大的宏愿就是有天能当上“部长”。

一九七八年，我全力准备“外交领事人员甲等特考”，有天用完晚餐，独自在书房好奇地推算，要是今年考取“甲特”，按部就班地爬升，最快何时能做到“部长”？根据“外交部”内外轮调制度，和各职级升迁所需时间来估算，我得出结论，最快可以在一九九三年左右，五十岁上下当上“部长”。自此，我真的不动声色以五十岁为目标全力冲刺。一九九六年我从钱复手中接下“外交部长”官防时，年五十二岁，比十九年前的推算，只差两年。

一九七八年通过“甲特”，是得以在“外交部”快速晋升的关键因素之一。我常在大学演讲时告诉年轻学子，我通过了“外交领事人员乙等和甲等特考”，才有机会不靠外力、在“外交”领域崭露头角。健全的国家考试，对我一生影响至深，也是最令我感激的制度。它让一个没有家庭背景的人，经由公平的竞争获胜后，能光明正大地走前门进到“政府”，发挥所长。

一九五八年考进“外交部”后，便在“外交领事人员训练所”受十个月的训。期间，我的表现最优异，有点鹤立鸡群的傲气，深信在同期同学当中，会是最有成就的一个。这种自信和家世无关。可是一想到身上流着经国先生的血，就会更加要求自己在工作上不能输给别人。这是沉重的压力，也是一种推力。就在这样压力和推力交互撞击中，独自在僵硬的“外交”竞技场里奋斗，居然能从最末端的科员，一步一步地攀升到最顶端的“部长”，绝非易事。

到今天，我常引以为傲的一件事，就是在历任“外交部长”当中，我是唯一完整无缺地历练了部内编制里所有大小职务的人，包括了荐任科员、科长、简任专门委员、北协副秘书长、秘书长、副司长、司长、“常务次长”、“政务次长”，一直到“部长”，没有漏掉任何一个环节。换句话说，不曾坐过“电梯”，也没搭乘“直升机”，是名副其实的“一步一脚印”。一个年轻人赤手空拳地走进浩瀚职场，要一路过关斩将，登上巅峰，我衷心学习到必须“沉着、耐心，不好高骛远；积极、果断，不投机取巧”。任何人在官场上的升迁，多少要靠机运，但不是全部；如何稳扎稳打、步步为营的承接每阶段的挑战，是不可或缺的磨练。

人生中的贵人

每个人一生当中，经常会出人意表地得到一些来自家庭成员以外的“助力”，他可能是同事、朋友，甚至陌生人，无以名之，统称之为“贵人”。进到“外交部”遇到的第一位贵人，就是钱复。他是在我涉入“外交”事务近三十年当中，最令我折服的人。他很早出道，比连战、宋楚瑜都早，马英九更是他提携的后进。只是在他担任“外交部政务次长”后，受到沈昌焕排挤，显得时运不济，到后来只有时不我予之叹。直到今天，我都为他叫屈。

如果不是钱复在一九七七年把我从美国找回台湾，我在政界走的路，一定会更崎岖，且充满不确定性，更没把握哪天能够爬升到“特任官”，甚至极可能像“外交部”里不少仁人志士一样，终其一生没没无闻，因毫无表现机会，大多服务满二十五年后就退休。

选择考“外交官”，是自己的决定。由于得不到父亲的庭训，求学时就会特别留意父亲对青年人的公开训勉和谈话，而留下不少剪报，设法从里面寻找启示来自勉。进“外交部”后，我更仔细阅读父亲在一九六五年所写的《风雨中的宁静》，因用词平实，读来备感亲切，感觉就像父亲在口述故事一般，让我从这本书了解父亲更多的内心世界。他把生活中的悲欢顺逆、对国的烦忧、对党的忠诚，以及对老“总统”的至孝，用记事体作生动铺陈，浓郁的情感跃然纸上。从里头，我个人体认到他处世的一项特质，并一直以它来自勉：“对国家只有付出，对目标绝不放弃！”我把这项深刻的体认，看成是父亲对我的耳提面命。

《风雨中的宁静》的确给了我不少心灵上的补偿，若是这本书能由父亲当面交给我，那该有多好！

在华府密情报

一九七四年二月二十二日我携眷抵达华盛顿时，负责人是沈剑虹。他对我的身世完全茫然。起先他把我放在一个冷单位——专责处理馆内人事、总务的秘书组。工作两、三个月后，我发觉都是在办理些无关紧要的杂务，和来美之前兴致勃勃的对外事务的憧憬，实在大相径庭，感到失望。但是，我不仅逆来顺受且认真投入，让人看起来我工作得津津有味。

一年过后，“大使馆”负责和美国国务院打交道的热门单位——政治组，工作负荷量太重，需要增添人手，沈剑虹可能发觉我能力不差，便把我调了过去。对外联系才是我兴趣所在，让我有了发挥空间。

尽管到华府不久，职级不高，只是三等秘书，但我冲劲十足，与美国国务院主管中国事务处的官员，包括处长李文（Burton Levin）和副处长傅立民等人很快就搭上线，除了公事交往外，私下也成了好友。

一九七五年傅立民三十五岁生日，就是在我家过的。那天由美伦主厨，前来作陪的有程建人、戴瑞明、傅建中、王嗣佑等夫妇。李文也是我家常客，有次还喝得酩酊大醉，只得由他太太开车回家。“外交”交往虽然讲求对等，但只要你言之有物、让人家喜欢与你交往，有时也就不拘泥职位要相当的原则了。先前国务院处长级官员，通常是由“大使馆”参事联络，副处长的对口则是一等秘书，要轮到三等秘书上阵，有得等了。但由于工作上的卖力，我很快就打破了这个不成文的惯例。

一九七二年美国与中共发表《上海公报》，关系正常化显然只是时间问题。我在一九七四年抵华府时，沈剑虹很长一段时间已见不到国务卿基辛格了，交往对象已降低到相当于司长阶层的助理国务卿格林。

美中关系台面化

一九七三年美中互设联络办事处（Liaison Office）后，一般推测不出两到三年，就会升格为大使馆。一九七四年却爆发了“水门事件”，推动与中共建立关系最力的尼克松总统旋即辞职，改由对台湾友善且政治野心不强、宅心又甚仁厚的福特继任。美中建交的势头，顷刻间缓了下来，台湾得到喘息机会。只不过，华府承认北京的列车已开出车站，剩下列车开得快慢和早晚到站的问题，在台湾却有人妄想期盼这厢列车会中途出轨或翻覆。其实它只有一条路来因应，就是采取积极手段，善用参众两院友我力量，踩住这厢列车的煞车，或把火力减弱，使速度降到最低。台北却从来没有思考过，万一列车比想象中提前开到了北京，又该如何？我的了解，这种必须的应变准备是不存在的，甚至连一种研议性的讨论，在“外交部”都成了避免提及的禁忌。

凡和美国务院官员会过面，我会很详细地撰写电报报“外交部”。一九七七年回台北之前，和傅立民曾有几次重要谈话，有一次他告诉我，他很快就要被指派到哈佛大学待半年到一年，专责研究美国有朝一日和台北“断交”后，双方在无“外交”关系下，将如何建立起一套结构性的法律安排，俾使双方实质交往维持不变；并且暗示，美中已在波兰华沙会议上，就正常化一事有了接触。我把相关内容报回台北，引起了小小骚动，但听说，“部长”沈昌焕不仅不重视，反而不是很高兴，甚至怀疑它的可靠性，他认为这么重要的事，怎么会由国务院官员告诉台湾的三等秘书？

台北不晓得这项情报取来不易，我是和傅立民联系好，直接到国务院会面。他很客气，还到大门口等我，陪我乘电梯进他办公室。他是我认识的不少美国外交官中相当杰出的一位，虽然交谈都是英语，但他中文造诣之深，是国务院年轻一辈“中国通”里的佼佼者。一九七一年基辛格访问中国，就是他担任中文传译。他除了用词精准外，中文常用的成语更记得滚瓜烂熟、运用自如，人很聪明，反应又快。后来他出任过驻泰、驻华公使和驻沙乌地阿拉伯的大使。我在想，他对于始终未能出使北京，应是职业生涯中最大的遗憾。

国务院密谈临危不乱

那天往国务院之前，我作好了万全准备。我晓得会有长谈，他也极可能刻意透漏一些紧要信息，我怕记忆有误，决定秘密带录音机在身上。我向“安全局”以参事名义派在“大使馆”的海军中将汪希苓借录音机。我推测他负责情报工作，必有先进装备。果不然他有一台可以放进西装口袋的卡带录音机，体积有现在的两个手机大小，在三十年前算是最新颖的了。他教我如何操作，直到熟练为止。

抵达国务院前，我就把录音机藏在西装左内侧的口袋里，事先启动录音键盘，以免谈话当中，还要把手伸进口袋开机，万一被识破，则不仅是尴尬而已。进到办公室后，两人谈兴很浓，只寒暄了几句就切入正题。他诚挚而详尽地分析了“美、中、中国台湾”和“美中俄”两个三角关系相互牵扯和彼此制衡的因果，以及华府和北京正常化的战略思考和相关步骤等重要信息，当然我也站在台北的立场提出若干辩解，他也很仔细听。我原以为两人大概最多谈三、四十分钟，没想到超过了一小时。就在此刻，发生了意想不到、令我终生难忘的状况，我口袋里的录音机竟然响了起来，发出一连串“吱——吱——”的声音。事后我才知道，汪希苓借我的录音带只有一小时长度，录音带走到尽头，就会有“吱——吱——”换带的警示声。他事先忘了提醒我这点。

当时我只有沉着以对，不能惊慌地伸手到口袋去关录音机。我在“吱——吱——”响声中，装作若无其事地和他继续谈话，然后故意望着他办公室天花板上的好几排日光灯，指着其中一根灯管抱怨说，怎么国务院的日光灯也会坏？发出这种怪声？他真的就起身去查看是哪根灯管坏了？他一走到书桌旁，背面朝我时，我迅即伸手把这架要命的录音机关掉，随即“吱——吱——”声才戛然而止。我还特意起身，走到他身旁抬头看看那一排日光灯管，并且说：“奇怪，怎么又不叫了？你没去敲它吧？”他耸耸肩，带着抱歉的表情，我们又重新回到座位，一场“危机”才这样化解了。

那天谈了一个半小时，回到办公室，我把谈话内容很用心地整理出来，发了电报回台北。但是，台北却不会知道这份电报背后有多辛苦、多惊险！

走过父亲的脚印

一九九二年元月二十四日我飞抵莫斯科，随行的只有“亚西司司长”罗致远和办公室秘书夏立言。当飞机在莫斯科机场着地那一刻，真是百感交集，一下子把我拉回到六十多年前，那段父亲经国先生一九二五年到苏联留学的岁月。车子从机场一路驶进莫斯科城，沿途我看到当年经国先生熟悉的莫斯科河、莫斯科红场、莫斯科雄伟的建筑、莫斯科广阔的街道、莫斯科的天空和云彩、莫斯科的人群、莫斯科的电车，此时此刻均在眼前，内心交杂着一种复杂的欣喜和成就感。

父亲在狂狷少年时期住过的城市，他一度向往、热爱的城市，我今天终能替他重临造访。身处覆盖着皑皑白雪的莫斯科，从车上见到窗外的一切，都引动我对父亲的怀思。

一九四五年父亲曾担任外交部东北特派员，于同年十月奉老总统指派，赴莫斯科会见史达林洽谈两国关系及外蒙问题。今天我却能以“外交部政务次长”的身份来到莫斯科，和曾任副总理、现职俄罗斯总统专家委员会主席的罗伯夫（Oleg Lobov），就援助该国和推动双方关系事宜进行磋商。这是一种让我悸动的巧合，心中有难以形容的暖流。我无意也不敢在此去和父亲的事迹并提，只觉得类此，两父子在为国家利益努力过程中能有一小段轨迹的重叠，委实难得且可贵。

努力打拼有秘诀

不到三十年的过程，能够从一个无名小卒在“外交”界闯荡出一片天，我自行揣摩出父亲经国先生从政的一个信念——对国家只有付出，对目标永不放弃——使我受益最多，我一直把它当成父亲对我的耳提面命，始终奉行不渝。

在“外交”战场起步之初，工作上，我强烈要求自己要有比“本职”高一阶的努力和表现。

初到华府是三等秘书，但在工作量和处理交办事项的积极性上，我就以二等秘书甚至一等秘书的心态来要求自己。一九七七年担任“北美司”一科科长时，我会留意二科和三科的业务，久而久之，无形中对全司的运作有全面的了解，而不只局限在一个科的角落；在拟稿或分析议题上，就假设“如果我是副司长，该如何下笔切入？”换言之，用比现职高一阶的标准来处理业务，训练判断，在表现上自然就比同阶的人高出很多。这样，担任科长两、三年，就已经以副司长的格局做了自我训练，等到有机会升任副司长时，必然显得“驾轻就熟”了。同样，在接任副司长后，我训练自己以司长的水准和眼光，来研处一切问题，过一段时日后，你的气度都会比其他副司长强。这是一种以较高标准来提升工作内涵，而不是在待人接物的态度上，否则就会显得趾高气昂、恃才傲物了。

接着从司长、“次长”到“部长”，在辛苦中我一路打造出亮丽的成绩。

民意满意度第一

当我就任“外交部长”后，努力工作自然能够获得民众高度的肯定。《中国时报》在一九九六年十月五日，和《联合报》分别在一九九六年十二月二日、一九九七年三月三十日、一九九七年六月十三日，对“内阁阁员”获得民众的满意度所作的民意调查结果显示，对我的满意度竟然超过七成，是当时所有“阁员”当中最高的一位。

第十一章　父亲猝然逝·榻边冷清清

因为和经国先生有血肉相连的关系，在他生前虽然无法承欢膝下或亲侍汤药，但对一九八八年元月十三日他吐血猝逝的经过和场景，我一直想探明究竟。

孝武从新加坡赶回来奔丧的第二天，元月十五日，就和我碰面，红着眼眶告诉我，他对荣总医生与孝勇所陈述事发的详情和解释，非常不满，他会要求专案调查。他显得十分激动、怒不可遏，我当即好言相劝，就是追查出有人为过失或解开任何疑团，已无济于事；如果因而闹得满城风雨，更非人所乐见。最后他也就没有什么进一步动作。

医疗团队难卸责

经国先生过世后，我曾分别与孝武、孝勇、秦孝仪以及荣总医生等多人，就当日发生情况的经过谈了好几次，也和几位当日在场的七海官邸侍卫与医护人员私下探询过。我个人认为，负责照料经国先生健康的人，难脱疏失之咎。

经国先生年过七十后，即饱受糖尿病的折磨。照顾经国先生的医疗小组虽是尽心尽力，大多止于病情的控制，而未积极做改善性的治疗；只要血糖升高，就注射胰岛素将血糖下降，使之不超过一百二十个单位的正常值。当血糖高到已影响到身体内部器官，譬如右眼血管破裂后导致弱视几至失明时，则服用类固醇。然而，类固醇的长期服用或过量，一定会破坏到其他体内的器官。

到了一九八六年，也就是经国先生过世前两年，他的身体状况即已明显恶化，因两腿无力，需以轮椅代步；除了前面所说右眼视力极弱外，手臂和脸部的皮肤绷紧，缺乏弹性，整个躯体均见浮肿，体力也急速衰退，都是明显恶征。照理，早应说服经国先生甚至强制他住院，接受全面性的诊治；若顾虑住院而引发不当政治联想或臆测，则至少应在七海官邸设置二十四小时全天候的医疗团队和急救设备待命应变。

但是孝武告诉我，他探问得很清楚，事发当天，七海官邸的医疗配备根本欠缺应对紧急状况的条件与能力，连最后一刻要电击抢救的器材都没有。那天早上只有一位姜姓医生，是为了定时探望方良女士心脏病病情而前往七海，并不是知悉经国先生有所不适。

父亲大吐血而逝

当天医疗小组及家庭成员里，没有任何一个人警觉到经国先生的病情严重不稳。父亲一早曾喊着腹部疼痛，后来又平静下来；到中午十二点左右，突然觉得全身不适，大声哀嚎了几声，接着就大量吐血，都是暗红色的鲜血，几乎是从口鼻喷出，吐了一床，脸色发青，表情痛苦。当时只有几位侍卫人员，闻讯进来做紧急处理，现场所有人都吓坏了，恐慌中只能协助清理床单棉被，医生和护士是后来才急忙赶过来，一方面做清理，一方面进行急救。忙乱一阵子之后，以为经国先生的情况可以稳定下来；但是不到十分钟，又发生第二次大量吐血，喷出速度快、量又大，呼吸不过来，引发医护人员更大惊恐，几乎到了手足无措的地步。吐完血，父亲呼吸停止，就安详地躺在床上，头一歪，未再醒来。

孝武提到这段过程，抱怨为什么没有人事先掌握状况。早上十一点多，孝勇是去了趟七海，见到父亲安静地躺在床上像是睡着了，以为没事，随即驱车出门赴朋友之约，有人说，他是去打高尔夫球，球场离台北还很远。事情发生后，七海官邸所有人都找不到他，等联系上赶回七海，已近傍晚，父亲早已气绝多时。

孝武和孝勇之间的感情本来就不好，台北政治圈早就知道他们年轻时有次发生争执，险些拔枪相向的往事。孝武对孝勇未能照顾好父亲的病情而发生严重事故至为不满，两人之间几乎没有了来往。

孝勇受打击最大

最令孝武不能理解的是，为什么父亲病得这么重，怎么事先连起码的预警都察觉不到？负责他健康的医疗团队，岂可欠缺经国先生早已病入膏肓的预判？专业研判的能力真的这么差？糖尿病不像心脏病或是脑溢血，它不至于急性发作后便不可收拾。它可能引起的并发症或使病情转剧，是均可掌握的。医疗小组最重要的任务，就是要视病情的起伏、生理状况的好坏，对病人的状况作最有效的控管，必须要把可能突发的风险降到最低！我当面请教过一位台大非常资深的内科权威医师，他告诉我，根据经国先生大量吐出“暗红色”的鲜血，已明确显示，若干内脏器官早被长期服用类固醇所引起的副作用破坏，它不是一朝一夕的病变。

孝勇对心爱父亲的过世，除深感锥心刺骨之痛外，我体会得出，他更有深藏心中的自责，虽然勉强维持外表的平静，但事发后在和他数次私下交谈中，我体会到经国先生过世这件事，受打击最大、最深的就是他。经国先生晚年对他的依赖极重，正因如此，孝勇一切的一切，几乎完完全全依附在经国先生一人身上。失去了经国先生，就失去了一切，甚至最后影响到了他自己的健康，在一九九六年，经国先生过世八年后，就去世了。

“鞠躬尽瘁”

经国先生走到生命尽头的最后时刻，相较于“国父”和祖父，的确显得苍凉太多。居然没有一位子女，甚至一个亲人在榻前送终，也没有任何一位党政大老，伫立在侧恭聆他最后的交代。怎么会没有亲人轻抚他的手，或轻声在他耳边说几句话，让他毫无牵挂地离开？

经国先生的官方遗嘱，是在事后由秦孝仪院长执笔书就，并由当局相关官员等依序签名落款，孝勇也以家属代表身份在上面签了字。孝武从新加坡赶回台北时，对于未能考虑等他回来而由孝勇代表蒋家签字一事深感不满。他原思补签，经与多人商量并接受建议后才作罢。经国先生过世突然，没有私人遗嘱，对他个人重要文物的处理也未作交代。举凡他留在七海官邸以及办公室的日记、手札、私函、机密文件、字画、印章等，在父亲逝世的隔天均被孝勇一人收齐带走，据说有的装箱先运到瑞士的银行保管，再转到美国。其实这是重要文物，都应交由“国史馆”保存；如果家属不信任民进党“政府”，也应当交给中国国民党托管，因他是党章里的永久主席。这些文物不能由任何家属以任何理由占为已有，更不应当交由国外的学术单位来处理。

父亲为台湾这片土地的奉献，只有八个字可以涵盖：“油尽灯枯，鞠躬尽瘁。”

第十二章　栖台北“政坛”·叹冷暖假真

一九八八年元月十三日下午，经国先生骤然过世，全台震惊，在一片纷乱中，李登辉旋即轻而易举地宣誓继任“总统”。李登辉是非常细心的人，他心思细腻，少有人能及。

元月十四日我强忍悲痛，照常上班，但是我要秘书取消所有会客和宴会的安排。我只想静一静。我需要思考，面对此一变故，以后的路该如何走？在父亲治丧的过程中，我又该如何自我定位，怎么做才会不过、又不会不及？这一连串问题，让我陷入沉思。望着办公室挂的经国先生照片，有难言的悲戚，心绪更加纷乱。

李登辉心机难测

就在此时，曾秘书匆忙敲门进来说：“李登辉亲自打电话来找你，人就在电话线上。”接过电话，他用十分诚恳、缓慢又低沉的声调说：“章‘次长’，你父亲不幸在昨天往生了，不要太难过，要节哀保重，你工作很努力，做得很好，将来的发展，我会留意。我应该照顾你的。”我随即谢谢他的关心。这通电话虽才短短几分钟，也没多说什么，却是令人感动的。他是“政府”里面唯一在经国先生过世后，特地打电话向我慰问的人。在电话里，他直称经国先生为“你的父亲”，在当时也是“政府”里第一人。

李登辉对我很客气，不管当面或在电话上，都以职衔相称，就是我到了中央党部，都还是称我“秘书长”，他从未直呼过我的名字，也或许是因为我和他之间自始未能建立那种所谓的私谊。李登辉那天来电话，让我直觉到他很用心，事后我只告诉了美伦。有人说李登辉心机很深，但当时只让你觉得他心很细，这是他厉害的地方。

早年“反独”立场坚定

经国先生过世不到两年，一九九〇年初，宋楚瑜建议李登辉把我从“外交部”调派为中央党部海工会主任，在以党领政的年代，它的分量不比“外交部常次”低，更是一项重要的历练。李登辉似乎是想逐步兑现要照顾我的支票。但是一年之后，我依旧对“外交”难以忘情，于是我去找接任“部长”不久的钱复，表达想重返“外交”行列，他一口答应，因为他也正在物色“政务次长”。当然，这必须先得到李登辉的同意。

我认得李登辉，是在一九八三年我担任“北美司司长”前后，谈不上交情，更没有渊源，只有公事上的接触。二十世纪八十年代初，很少有人想到李登辉会当上“总统”，真正被看好的是孙运璇、谢东闵和林洋港。

有次钱复在台北宾馆宴请美客人，邀了担任省主席的李登辉为贵宾作陪，我也在座。用饭前酒时，钱复还和我开玩笑，用眼睛斜瞄着李登辉说：“你看，他笑起来像不像〇〇七电影里的‘大钢牙'？"直到一九八四年他被经国先生指定为"副总统"，国民党里的少壮派才对他另眼看待。

李登辉在台北市长和台湾省主席任内，我和他少有来往。他出任"副总统"后，偶尔陪同美国贵宾到"总统府"去时会碰上面。他对我态度亲切，每次都会说几句类似"表现不错"的话来鼓励我。他一定早就晓得我的家庭底细。那几年里，他"接见"美国国会参众议员或州长时，用字遣词，当然不可能像"外交官"那么严谨，但"一中"、"反独"的立场，则毫不含糊，既明确又坚定。有天，我还在日记上记着，为父亲经国先生能物色到如此一位学者出身、理念一致的优秀"接班人"感到庆幸。没想到，不过十年，李登辉却成了"反中"、"急独"的急先锋。

蒋家第三代唯一"入阁"人

连战于一九九三年奉命"组阁"，找我主持"侨务委员会"，让我成为蒋家第三代中第一位也是唯一正式"入阁"的人。在"侨委会"三年多的时间里，我把这个人们心目中的"冷衙门"做得很热，除了开展传统性的侨务工作外，有两项新的尝试，引起了李登辉的注意。第一项是我亲自多次前往泰国北部"金三角"清莱、清迈、热水塘等地一带，使长年无法处理的"泰北难民"救助问题和原官兵申领"战士授田证"补偿金的问题，均予以彻底解决。另一项，便是把全球各地的"台商会"分别在五大洲各自成立总会，再把它们组织起来，成为"世界台商总会"，成了海外的一股新兴力量。一九九六年三月二十日，我陪同侨团去"总统府"拜会时，李登辉公开赞扬我的执行能力，并在拜会结束后，把我拉到一旁，脸上挂着满意的笑容说：“你很认真而且很有绩效，但是在‘侨委会’不要待太久，有机会还是回到‘外交部’。你的资历已经很扎实了。”我懂他的意思。

一九九六年六月十日在钱复要调任“国民大会”议长时，我从他手上接下“外交部长”印信。这当然是李登辉的安排，出于他对经国先生提携之恩的感激，而有所图报。他一九八八年后，曾多次向孝慈和我当面表示关心，对孝武和孝勇也多所照顾。孝武因“江南案”而被父亲外放“新加坡副代表”；父亲过世后，李登辉很快把他就地升为“代表”，未几，更调派为非常重要的“驻日特任代表”，其速度之快在“外交部”是没有前例的。他之所以这么做，当然有他的权谋思考和用心，无非是想借以稳住那股支持蒋家的势力的情绪。

孝慈、孝武、孝勇相继过世后，蒋家第三代中剩下我一人仍活跃在政坛。当我接下“外交部长”时，内心压力无比沉重，这股压力并不是来自于李登辉的提拔，而是为了想擦亮蒋家这块招牌。我夜以继日、全力以赴，由于做得有声有色，在历次媒体民调中均大幅度领先其他“阁员”，受到民众高度肯定。一九九七年九月，李登辉派我出任“行政院”副院长。

指定我主持党务

一九九七年十一月二十九日第十三届县市长选举，二十三个县市长席次中，国民党只拿到八席，首尝空前败绩。当天下午，我在车上从广播中听到结果，心情一下变得很低落，却也万万没想到，这次国民党的挫败直接影响到我的仕途发展。

第二天，十一月三十日上午十点，我在书房看公文，突然接到李登辉打来的电话，要我立即到官邸去一趟，说要单独和我讨论一些事情。当时我是“行政院”副院长，我在想，他不会因为“行政院”的事找我，要找也该找萧万长才对。

出门前，我仍在揣摩在国民党选举大败的当口，李登辉找我是为了什么？我告诉美伦应当不外谈两件事，一、要我选台北市长；二、要我接已提出辞呈的吴伯雄为秘书长。

十点半进到官邸，李登辉在客厅等候。他还穿着睡衣，头发也没完全梳好，脸上带有倦容，看得出来他晚上没有睡好。这次选举结果和若干延伸的问题，一定让他一夜辗转反侧。他很客气要我坐在他旁边的沙发，劈头一句话就是：“副院长，你看这次县市长选败的原因在哪里？国民党这次为什么会失败？以后要怎样才能振作起来？”这些问题不难答，因为也不会有标准答案，说实话，我没有什么了不起的高见，我只说了五分钟，强调三点：一、提名机制失当、人选产生太晚；二、党的基层瘫痪；三、青年选票流失。李登辉频频点头，接着说：“吴伯雄做得不好，我要换掉他，你来接，怎么样？”口气对吴伯雄很不满，表情还带点愤怒。

他说：“副院长，我考虑过，你来接最合适，资历、能力都够。”他看我没立即接腔，便说：“你可以考虑考虑，不要勉强，这个工作会很辛苦。如果真有困难，我再去找第二人选。”我便很礼貌地答复说：“谢谢您，因为我长期在行政部门工作，突然要我主持党务，在心理上需要调适，能不能够让我思考一下，容许我和家人作个商量。”他笑着说：“当然、当然，你需要考虑一下，但最晚在明天以前要给我答复。”我之所以没有马上应允，不是怕辛苦，只是这个责任太重，真怕做不好，我不会因为可以高升就饥不择食。我答应李登辉，晚上以前给他回复。这可能是他第一次遇到，在给一个人机会的时候，对方却没有立即应允。

我回到家就把李登辉要我做秘书长的事告诉了美伦，她也没有任何兴奋的反应，同样认为面对这么重大的生涯转折，必须冷静想一想。

中午时分，我去看王升，听听他的意见。他只说了一句话，“这时去主持党务，是在跳火坑。但是国民党还是需要有人去救。只是不知道李登辉存什么心。明年就有北、高市长和‘立委’选举，如果选败，你也报销了。你自己要仔细权衡。”对接或不接，他并没有给我肯定答案，这件事我又不便和太多人商量。下午只有把自己关在书房，认真推估自己能不能把该项工作做好？能不能在未来选战当中打胜？能不能把低迷的士气拉抬起来？蒋家的背景，加重了我考量上的负担。我只能成功，不允许有闪失。后来我跪在地上祈祷，祈求天主能够赐给我力量，而且我默念《圣经·腓立比书》第四章第十三节的经文：“我靠那加给我力量的，凡事都能做。”我胸中豁然开朗。

下午快五点，我去到“总统”官邸回报李登辉，我答应接下这个重担。他显得很高兴，并且相信我一定能做成功。他还告诉我，怕万一我不愿意接，他也准备了备用人选，就是林丰正。

首次操盘选举，重挫民进党

在我接掌党务不久，就发觉国民党内部的问题远比想象严重，组织庞大得像只行动迟缓的大象，由于硕大的躯体，掩饰住了体内早已十分严重的病灶，除了器官机能老化，指挥动员的神经系统更严重失灵，任何政策主张或动员命令，已很难及于组织的末梢，早已无法打传统的组织战了。可是，国民党经过多年的经营，从中央一直到省、县、市、乡镇、村里等最基层的体系，仍旧极为绵密。上任后，我一方面侧重在整体形象上的提升，另一方面全省走透透，甚至把最基层各地分部的常委、书记和小组长找出来，分批举行座谈，倾听意见，力求改革。很快就感受到，整个党慢慢动了起来、也活络起来。

我接任后的第一次考验，是一九九八年元月二十四日的基层选举，幸好，国民党大获全胜，四百三十七席乡镇市长中，赢了两百三十六席；八百二十三席县市议员选举，赢了五百二十二席，其中百分之九十以上以无党籍名义当选的，几乎都是国民党员。此一结果，让全党士气为之一振，对即将到来的年底“立法委员”及北、高市长及“议员”的选举，有了正面拉抬作用，那将是我任内负责操盘的最重要选举。

十二月五日“三合一”选举开票的结果，令人十分振奋。国民党在“立法院”两百二十五席中，囊括了一百二十三席，较前届的八十五席增加了三十八席，成了“国会”中享有稳定多数的第一大党，算是大胜。台北市马英九更以百分之五十一点一的得票率，七万八千三百零五票的差距，击败陈水扁，赢得市长选举。只有高雄市的吴敦义犹豫不决、起步太晚，以四千五百六十五票之些微差距，输给了谢长廷。

整体来说，国民党是大赢家，尤其“国会”大胜。这次能一举增加三十八席的原因之一，在于我要求尽早完成提名作业，中央有足够时间对未获提名的，全力疏导劝退，若有违纪参选，则以党纪伺候，对已提名的，积极辅选拉抬气势。整场选战打下来，重挫了民进党。

五日投票当晚，李登辉来到中央党部和重要干部一起盯着电视机看开票的过程，结果出来后，我注意到，他只浅浅地笑了笑，说了几声“大家辛苦了”，转身就离开党部，没有特别开心的反应，也没说声恭喜，更没有等到马英九前来中央党部谢票后才走。我想，他应该不是因高雄失守而不悦，早在投票之前，许多媒体作的民调就都不看好吴敦义，他的失败原就不属意外。

我望着李登辉离去的背影在想，莫非在他内心深处并不希望马英九赢回台北市？而真如外界所说，他宁愿国民党把台北市输给陈水扁，只守住高雄市即可？马英九的崛起，早就不是他所乐见？我回想起，最初我积极找马英九参选时，就没有得到他正面的鼓励。

马鹤凌为国民党解围

一九九七年十二月我接任党部秘书长，立即面对一年后的“三合一”选举。最伤脑筋的，就是要尽早确定台北市长人选，民进党早就锁定陈水扁，国民党候选人一波三折，始终无法定案，其中有许多鲜为人知的过程。

一九九八年元旦过后，李登辉突然在一次中常会问我：“台北市长人选，有没有初步腹案？”我说：“马英九。”他许久没接腔，也没表情，接着问：“有没有别人？”我答复：“没有，我认为只有马英九。”他冷冷地再问：“他愿意出来吗？”我说：“不确定，但可以去请他。”他勉强地“嗯”了一声，没说什么，显然他并不很喜欢马英九。

我在元月二十七日（农历除夕）早上八点，主动邀约马英九单独共进早餐。是时他已辞卸“法务部长”，回到政大法律系任教。我先很诚恳地把中央党部对台北市长选战的初步分析和思考，作了详尽的说明，然后就直截了当地请他出马参选。

马英九是有备而来，在我说完话后，用看来是事先想好的几个理由婉谢了。他态度温和，但立场坚定。他提到在离开“法务部长”职务时，李登辉居然要他去当“新闻局长”，对这件事很不能释怀。关于市长选举，他坦白指出没有把握，所以不要逼他，而且他对政大许下承诺不能半路落跑，除出任公职外，他还可以在学术和公益方面作出贡献。他也强调，且要我放心，虽对李登辉领导下的国民党很有意见，但是他永远不会脱党去加入新党。

早餐结束前，我还是恳请他回去后再考虑考虑，因为还有时间，不要就此说定。分手握别时，他依然半开玩笑地摇摇头说：“孝严兄，你就饶了我吧！”我体会出他真的没有参选意愿，但我不死心地说：“英九兄，不是我找你麻烦，是党和台北市民要你出来，只要你同意，全党会全力辅选。党部评估只有你有机会获胜，还是请多考虑一下。”

后来，我依钟荣吉的建议，去找马英九的父亲马鹤凌先生。我前后三次单独和马老先生长谈，请他积极帮忙劝说马英九，我相信这会很有效，我晓得马英九对他父亲极为孝顺。到第三次见面，马先生拍胸脯说：“秘书长，只要是党需要他，您放心，包在我身上。英九是很孝顺的孩子，你放心好了！”当然还有其他人从旁劝进，包括党内大老和基层的人士在内，这些动作多少有敲边鼓的作用，但是，真正让马英九下定决心复出的关键人物，不是别人，而是他父亲。这位令我敬佩的老先生，不仅改变了马英九的仕途，也影响了国民党的命运。

李指名我参选？

三月底，马英九仍未应允参选，党里却有人冒出来表态角逐，包括廖泉裕、吴中立等人，但经党部评估由于实力太弱而不作考量，党内初选因此暂时按兵不动，待五月底六月初提名不迟。组工会陈琼赞主任有天告诉我，吴敦义有意从高雄转战台北，我于是特地安排吴敦义在四月一日晋见李登辉。但会面后李登辉相当不悦地跟我说，吴讲了半天，最后表示既无意选台北市长也不想选高雄市长，他要到南投选“立委”。我即刻回应说，他不能去南投，这样会乱，他不选台北就要选高雄，此刻高雄要另外找新人恐怕来不及。李登辉只丢了一句话：“秘书长，我对他没办法，你去跟他说好了。”我知道李登辉并没有台北市长的口袋人选，他明明不很喜欢马英九，也只有同意我去进行劝说。

有天，在常会之前向李登辉作完例行的单独汇报后，可能是对马英九有点不耐，他突兀地问我：“要是马英九不肯，你自己出来选好了。”我的确吓了一跳。我接秘书长才半年，是来抬轿的，一下子要我坐轿，外界会怎么想？更何况我从未动过此念。我即刻接腔说，这样不妥，以另外物色人选为宜。李登辉也就没坚持，只说再想想看。

宋楚瑜断然拒绝

到四月中，马英九仍未松口。有人便向李登辉建议试探宋楚瑜、廖正豪、胡志强等人，李登辉问我意见，我说，宋楚瑜不太可能接受，廖正豪可做高雄的备用人选，胡志强则可列入考量。后来，我单独邀约廖正豪，探询前往高雄参选的意愿，他一口婉拒。

五月六日，李登辉再次在常会追问我市长人选的问题，口气仍然是要我自己考虑，我只好向他建议，让我尽速邀集少数了解台北市选情的人来共同会商，若真没有适合的人出来，最后才考虑我，李登辉同意。如果那年他真下令要我选，我也只能接受，那么，台北今天的政治场景，就可能不一样了。

唯一让我纳闷的是，李登辉身为党主席，对台北市长人选，没有刻意培养，对有条件的人又有偏见，才有些急就章。第二天晚上八点，我就约了许水德、殷宗文、杨亭云、钟荣吉、陈健治、詹春柏、陈琼瓒，在敦化北路“国安局”的招待所开会，得到三项结论：一、我系在职秘书长，不宜参选；二、因马英九意愿低，立即去找宋楚瑜；三、若宋、马均不同意，则由目前党内有意角逐的同志以初选决定。

这三点结论，由我和许水德、杨亭云三人在八日上午八点三十分，面报李登辉获得同意，并要杨亭云立即先去摸摸宋楚瑜的底。隔了两天，钟荣吉、陈琼瓒陪我前往中兴新村代表李登辉探明宋楚瑜的意向。谈了一个小时，宋毫不迟疑地拒绝，他说对参选市长毫无兴趣。一行人铩羽而归。

老先生改写历史

然而，我一直把真正的希望寄托在马鹤凌对马英九的游说上。总算皇天不负苦心人，五月三十日马老先生很高兴地打电话告诉我：“秘书长，搞定了，英九答应了。他就要去领表。”马英九正式登记参选后，组工会就根据“中国国民党公职人员提名办法”，先行协调廖泉裕与胡志强等人退选，很快获得同意，因为只剩下一人参选，就不需要办理初选，并经行提报常会，一致通过由马英九代表国民党，与民进党的陈水扁对决。一波数折的市长人选，于焉底定。

当时在政大任教的马英九教授，在完全被动的情况下，被国民党推上火线，去迎战在职的市长，终能比预估还要高的票数击败陈水扁，光复了台北市。他可能没料到由于此役大捷，建立了属于自己的政治版图，四年后不仅轻易连任，又趁势于二〇〇五年夺得国民党主席宝座，正胸有成竹地朝向二〇〇八年“大选”迈进。谁说政治人物的每一步，是完全可以事先规划得出来的？马鹤凌老先生也可能没想到那年不仅帮国民党在市长人选问题上得以解套，更储备了一位国民党的主席人选！

萧万长吃尽苦头

一九九八年底接秘书长时，国民党领导阶层之间已存在着难解的矛盾。针对二〇〇〇年“大选”的卡位，不少人早在暗中较劲。

李登辉是十年前仓促间和几经风浪后，才接下主席大位，而党内早已形成新、旧两股势力的对抗，在完全没有干部和班底情况下，有人指出，他只有极力扩大这两股力量的冲突，再以强势的作为，逼使党内反对他的一群人出走，他便从中将权力稳固下来。

一九九七年我到中央党部时，他已做了九年的“总统”，在相当程度上当然是今非昔比，他巩固了原先异常脆弱的政治基础，安然度过主流、非主流之争后，在党里面，一切他说了算，再没有人可以挑战他的权威。但是，当许多人看到这是他最后一任任期，不能再选，几位自认具有接班实力的，明的暗的，无不磨刀霍霍，准备一争长短。我担任秘书长职务时，很清楚看到连战、宋楚瑜和萧万长都在布局，而三人当中，接班准备做得最完备的应当是连战。

由于一九九八年年初的基层选举，与同年底“三合一”选举，国民党均大有斩获，所以一般预期，二〇〇〇年的“大选”国民党颇有赢面，只是万万没人料到，国民党竟然会分裂。

为了一本书，李、连险翻盘

一九九八年春节过后，外界几乎没有人怀疑国民党下届“总统候选人”非连战莫属。四月十二日晚，李登辉在官邸召集一项重要会议，被指定出席的有连战、许水德、黄昆辉、徐立德、黄大洲和我等人。

会上，他开宗明义告诉大家，经过再三思考，已经决定要连战参选，为了及早部署，当晚特别成立“登平致胜专案”，在场各位都纳为成员，全力辅选，并由他本人操盘。“登平致胜专案”，顾名思义，即由李“登”辉传承到连永“平”，脉络至为明确。李登辉还提到，他把指定连战为他继承人的事也告诉了日本记者。只是，没有人会想到，也很少人知道，此一钦点的决定，后来还差一点翻盘。

国民党在“立委”选举完成提名后，我陪李登辉到全省各地辅选。九月二十一日辅选列车开到了南投和彰化，晚上便住在台中的“协园”，虽然房子老旧，但为了安全，也就不去考虑舒适与否了。和李登辉共进晚餐时，大家还有说有笑地谈了一下选情，其他也没多说什么，就各自就寝，无任何异状。

第二天一大早七点多钟，侍卫长来敲门，很客气地请我到李登辉房间去一趟。进到客厅，看到他只穿着衬衫，没打领带，也没穿西装上衣，脸色很不好看，略带怒容，端坐在书桌后面，显然出了什么事。他指指桌上摊开的一本书，很生气地问我：“秘书长，你看过这本书没有？”

“什么书？”

“连战幕僚写的《连战风云》。”

“我没看过，但文工会向我报告过，说这本书就要出版了。”

“这本书写得太坏了！……他把‘政府’做的许多事情，统统讲成了他个人的功劳，哪里有这种事！我是不会允许的，他想要做‘总统’，也不要这么急，动作也不要这么大；……他周边的人很有问题。……我想要换人，你看萧万长怎么样？”李登辉显得很严肃也很认真，嘴巴又往下抿了起来。

对他这么气呼呼的口气，我真感到愕然，尤其突如其来爆出考虑要换人的想法，委实让我吃惊，一下不知怎么接腔。我顿了半晌，只简单说了几句：“虽然我没看过这本书，但是连战不过是在作好参选的准备，想多争取民众的支持，也不是坏事；换人的事，还是要慎重、多考虑。”李登辉可能在前晚就寝前看了这本书，气得不得了，这股闷气当然不会因为我回应了几句话就立即消除，但至少，他后来没再提换人的事。

我回到房内，深深叹了口气，只觉得政治怎么会这么无常，不确定性怎么会这样高？才在几个月前李登辉亲自下令成立“登平致胜专案”，怎么一下子差一点就烟消云散、不当一回事？李登辉的情绪和善变，我是真正领教了。这个“大选”插曲太敏感，事后我没向任何人提过；万一传出去，必定掀起轩然大波。

往后几个星期，我注意到李登辉和连战之间明显处在冷战当中。有几次党内主席、副主席同台的场合，李登辉让连战看到的，一直是一张拉得很长的苦瓜脸，甚至不正视他一眼，离席时，手都不握一下，擦身就走。只有我心里明白是怎么回事。李登辉的喜怒哀乐，不一定都会形于色，但是，只要他发怒，就一点都不掩饰。这种大和民族的特质，冷酷又无情，在他不喜欢或恨一个人的时候，绝对表露无遗。萧万长在“院长”任内，也吃过同样的苦头。

萧万长委屈落泪

我在“行政院”做过萧万长的副手，担任“副院长”才几个月，就被调到中央党部。有这一层共事的缘分，许多次在他遇到问题需要党中央出面协调时，他都会在每周三常会之前或之后，到办公室来看我。我在“副院长”任内和他相处融洽，只要他交办的事，我都会全力做好，以尽襄助之责。这项历练，让我在处理问题上有综览全局的宏观视野，对自己是有帮助的。一九九八年的下半年他和李登辉的关系开始交恶，主要导因在“证券交易税”应否调降的争论。两人意见相左，李登辉嫌他缺乏魄力去调降，而心生不满，此一龃龉到一九九九年春节过后愈演愈烈，几乎酿成“阁揆”请辞，甚至还由苏志诚非常羞辱性地向媒体放话，说萧万长正被“留院察看”，随时可以要他离开。萧万长处境十分难堪，后来很长一阵子要见李登辉都有困难。

一九九九年三月三日中常会前，萧万长过来打招呼，说会后想和我谈谈。常会一结束，他进到办公室才坐定，就连叹几口气，起先脸上还挤出一点他的招牌微笑，但当他说：“孝严兄，我实在做不下去了……”不仅笑容消失了，让我万分讶异地看见他在擦眼泪，他居然哭了！若不是万般委屈，何以至此？我认识他多年，是想做事的人，人也实在，处理财经问题确有不少点子，做人更没什么心机，这次却在他专业上和李登辉杠上，而且惨遭修理，心中的郁闷可想而知，但竟然苦到落泪，就知道日子有多难过了。

我急忙把话题扯开，设法安慰他几句。他略为平静后，才把他对证交税不宜急征的想法说给我听，要我适时向李登辉转达。在离开前，握住我的手说：“孝严兄，若我真不能再做下去，只有你来接。”我说：“万万不可，同时千万不要对外提到想离职的事。”

后来，我还是作了些努力，不要让他和李登辉之间的关系弄得太僵，否则不仅对党不利，对社会也不好。李登辉对人的好恶转变，真比翻书还快。连战、郝柏村、萧万长，以及宋楚瑜的遭遇，都是典型的例子。和李登辉之间的交往一下子可以好得水乳交融、肝胆相照；一个不顺眼，便会视同寇仇，去之而后快。当大位者，如果那么容易跟着情绪走，和他相互交心的人自然会愈来愈少，追随他的，也就产生不了死忠的情愫；只要有机会，必然扬长而去，自立门户，尤有甚者，更会毫不手软地反击和挞伐了。

“连宋配”何以破局

我认得宋楚瑜，是一九七七年从美国调回“外交部”以后的事。那年他已是“新闻局”副局长，不久，透过钱复引荐，他获聘为“总统府”简任秘书，担任经国先生的英文传译，自此渐露头角，平步青云。

他和我同年，都属马，在政坛他当然比我得意得早，但彼此一直相处得很客气，也谈得来。我常觉得他比我幸运很多，至少他可以经常见到经国先生，令我万分羡慕。我不晓得他多早就知道我和孝慈的身世，我察觉得到他总会私下主动要帮我们一些忙。一九九〇年我到“海工会”出任主任，就是他的点子。一九九六年孝慈不幸过世，他还给了孝慈遗孀一笔安家费，并安排她到一家省属银行，每月可以领到三万多的薪水。对这些，我都点滴记在心头。

宋楚瑜也是很细心的人，他心思之细腻，在我所熟识的政治人物当中，可能只有李登辉可以相比。一九九七年李登辉找我到党部担任秘书长的时候，宋楚瑜的省长任期剩下不到一年；他对自己下一步怎么走，早在缜密盘算，同时也不动声色地招兵买马，只要有机会，二〇〇〇年的“大选”绝不缺席。

李宋均误判情势

一九九八年“三合一”选举如火如荼进行，李登辉已有计划地在着手为隔年的“总统大选”布建。一开始，他就属意连战接班，甚至早在连战出任“副总统”之前，此一规划和步骤就十分明显。原本连战可以在毫无竞争对手和障碍的情势下，顺利承接。没想到一九九四年宋楚瑜高票当选民选省长后，气势日强，加上善用庞大资源，隐约可见正倾全力储备逐鹿中原之能量。而李登辉执意“修宪废省”，提前引爆了和宋楚瑜之间的正面冲撞。两人一度情同父子的关系，一夕丕变。李登辉看出宋楚瑜野心，瞬即下定决心阻绝他争夺大位之路。

一九九七年底，我接任秘书长不久，李登辉就和我谈到二〇〇〇年“大选”的构想，认定连战是唯一接班人。前面提到一九九八年四月十二日他在官邸成立“登平致胜专案”，则是第一次向党内领导阶层作公开而正式的宣示。李登辉一直信心满满，从未把宋楚瑜放在眼里。他甚至公开比喻宋楚瑜不过是如来佛手掌中的那只孙猴子，再怎么有本事，也跳不出他的手掌心，可以看出他是如何错误低估了宋的实力。每当有人向他提醒宋早已把省长资源到处散撒，全省走透透地在为“大选”布桩，他均嗤之以鼻，有时还会用闽南语补上一句：“伊这外省囝仔哪有效？怎有可能当选？”

李登辉从头就不认为宋楚瑜在未经他同意的情况下，敢和他分庭抗礼。而宋楚瑜仕途的平顺，使他产生了过高的自信，在讲求伦理和论资排辈的国民党内，当然引起侧目；他执意强出头，就容易犯下高估自己的错误。李登辉和宋楚瑜两人不同的误判，一个低估对手，另一个错估情势，竟导致国民党于二〇〇〇年失去“中央政权”，险至一蹶不振。

以李宗仁比喻宋

从一九九九年农历新年后连着几个月里，宋楚瑜的问题不断被媒体炒作得火热，李登辉还是不以为意，自认胸有成竹，不足为惧。以他的个性，绝不允许半路杀出来的任何程咬金来阻挡连战。

一九九九年八月二十日晚上八时三十分，他约集连战、萧万长、王金平、苏南成和我一起到官邸会商。会谈结束时已近十点多，李登辉单独将我留下，讨论宋楚瑜的事情。他同意我的看法，若宋脱党参选，连战会很吃力，但他不认为宋会脱党，他说宋没有自信去参选“总统”，只是在祈望与连战搭配而已。李登辉却又举李宗仁为例推论，如果宋与连搭配，以后连战的日子也不会好过。很明显，李登辉不仅不同意宋参选，甚至对“连宋配”都不以为然，至此几成僵局。

我警觉到问题的严重性，大胆向李登辉建议，国民党要派人尽早与宋沟通，不论结果如何，七月底以前一定要处理好，不能一直悬而不决。李登辉才勉强同意我去试试，但是他冷冷地丢了一句话：“不会有结果的。”我意识到他并不高兴我去碰触宋，但是站在党秘书长的责任上，我必须作最后的尝试。

去宋之心昭然若揭

宋楚瑜冒出来要参选“总统”，完全在李登辉算计之外，他于一九九八年四月成立“登平致胜专案”所布的棋局，完全被宋打乱。

一九九九年初，李登辉以为在宋卸任省长后，只要为他安排好适当的退路即可摆平，譬如安排“驻美代表”或资政，他就会接受，这就完全太小看他了。果不出所料，这些不痛不痒的出路不仅被宋严拒，尤其是听到要他远赴海外当代表，更是火冒三丈，也让他真的寒了心。这才使他恍然大悟，层峰早已不把他认真看待，剩下的只有靠自己打天下了。李登辉从头认定宋楚瑜没有胆识脱党，就是脱党，也没本事来和资源丰沛的国民党相抗衡。由于小觑了宋楚瑜，蹉跎了时光，而党中央面对的基层压力日益加大，到了五六月几乎快到了临界点，对宋楚瑜的事非处理不可。

六月十六日我写了一份长达九页的情势分析报告呈给李登辉，其中强调：一、应尽速与宋接触，第一阶段由林丰正与徐立德进行；第二阶段由党秘书长接续；二、宋楚瑜自恃高民调，脱党参选态势日益成形，应有警惕；三、“连宋合”不易、“连宋配”更难，但务必避免“连宋相争，阿扁得利”。李登辉在这份报告上批了个“阅”字，然后以副批要我就相关建议采取行动；隔天又口头补充指示我说，若“连宋配”不被接受，就借以即刻对宋作一了断，主动开除他的党籍，这样，国民党的基层就会和他划清界限，支持连的力量才能凝聚。

显然，他此一判断和事后的发展，又有重大落差。李登辉去宋之心，已昭然若揭。

死马当活马医

六月二十九日下午五点，我刻意约集萧万长、许水德、黄昆辉、殷宗文、徐立德等人，就“与宋楚瑜接触”事进行研商，会中一致同意：一、我代表中央与宋早作沟通，释出最大善意，并告以“大选”正副“总统候选人”的搭配问题都可以讨论，但要回到党的“体制内”进行，并力劝万万不能造成党的分裂；二、由党部主动释出善意与他磋商的做法，将使他脱党参选失去正当性与合理性。

会中，大家均认为此时宋接受“连宋配”的可能已微乎其微，但我认为还是应当作最后努力。会后，我将结论写成一份签呈给李登辉并刻意请示，万一宋楚瑜答应了“连宋配”该如何回应？李登辉却还只是批了一个“阅”字，没表示任何意见。

从头到尾，在李登辉心中，连宋不能配、连宋也不会配，而“连宋不配”才是他所要的，“宋连配”从来就不是他的选项。我很清楚，去和宋面谈“连宋配”，有自取其辱的风险，也不为李登辉所乐见，是一项不可能也不讨好的任务。但是，为避免国民党就此分裂，我还是决定死马当活马医去奋力一试。

我利用六月二十九日会议的共识，得到李登辉勉强同意后，在七月一日亲自电话宋楚瑜办公室秘书杨云黛，表示想直接和宋通话，但她说宋不在台北，暂时找不到他，我只好请她转达拜访宋先生之意，从速安排。等了两星期，到七月十五日（星期四）下午七点才获确定答复，要我在次日上午十时三十分到台北凯悦饭店三楼雀屏厅会面。我迅即以电话报告李登辉，然后取消第二天所有行程，连想要约集相关人士会商和作事先推演的时间都没有。

当天陪我前往凯悦饭店的是副秘书长钟荣吉，而陪同宋楚瑜在座的是前省府秘书长蔡钟雄。整个会晤有五十分钟，由钟荣吉做记录，并于隔周三，七月二十一日，由我根据记录在中常会提出报告。

逼上梁山的残局

这次会晤的结果是令人失望的。

在会晤前，我于十点二十八分抵达饭店时，发生围观群众的严重推挤，意外地受到聚集在门口数十位“宋友会”成员的叫嚣和谩骂，而其中一位老先生竟以拳头袭我后脑，秩序为之大乱。好不容易进到三楼雀屏厅，和宋楚瑜握手并让媒体拍完照后，双方才各自坐定。为免分散话题和破坏晤谈气氛，我忍住只字不提十分钟前被人暴力相向的事。我主要向宋强调三点：一、国民党之团结为至上要务，不能因力量分散而让民进党坐收渔翁之利。二、党内尚未提名，我虽无立场主张谁与谁搭配，但党内基层及孙运璇、邱创焕等大老们均有“连宋配”之建议，故据实反映，请作思考。三、凡有意参选公职者，均应遵循党内机制有关规定进行。

这次会晤让我直接领受到什么叫“忍辱负重”。我一番苦口婆心的述说和分析，无非是希望宋能留在党内。宋楚瑜当天算是心平气和，情绪也称稳定，对我的来意与目的，当然了然于胸。他开宗明义便说，若非基于和我个人友谊，他根本不想同意这场会面，接着滔滔不绝说了一大串，把许多民调资料翻给我看，归结起来，他强调四点：一、党中央是有计划地在抹黑和打压他；二、有人刻意在他和李登辉之间挑拨是非；三、党部应考虑党员直选产生“总统候选人”；四、打压他的人说，他是因为谋官不成才反弹，现在如果谈“连宋配”，岂非人格扫地、IQ零蛋？

谈到一半，我就直觉到他已有出走之意，我于是再三强调团结之重要，劝请任何自行参选之动作务必三思。但是他就是对是否参选不给我正面答复，只一路强调所有民调都是他最高，党部怎么不考虑“宋连配”，而一定要“连宋配”？我重申国民党的团结是唯一生路，民调各有高低，可以作参考。当他看到也没什么可谈了，便起身预备送客，整个会谈就此打住。两人握手道别后，宋楚瑜立即转身进到隔壁房间召开记者会，用事先拟妥的声明，宣布参选“总统”！

“连宋配”于此破局。我报告李登辉时，他看来一点都不意外，只要我立即断然处理，尽速开除宋的党籍。在我和宋会晤中，宋没有对李登辉口出恶言，只对整个国民党打压他愤愤不平。有人说宋楚瑜可能有反骨，但我倒认为有大部分是被逼上梁山的。

断绝〝两国论入宪〞

我从最初在“外交部北美司”工作时，和李登辉第一次碰面，到后来出任中央党部海工会主任、“侨委会委员长”、“外交部长”和党部秘书长等职务那一段时间里，都不能察觉到他隐藏着强烈的“台独”意识。直到一九九九年七月九日，他借由接受德国媒体采访，主张两岸关系的定位是“国家与国家”或“特殊的国与国”关系时，我才恍然大悟，“台独”才是他从政的“核心价值”。

我很后悔好多年前，尤其在“侨委会委员长”任内，针对侨界对他的“台独”言论所做批判，还经常在海外为他提出辩解，强烈指称李登辉只是台湾意识强烈，但绝不是“台独分子”。很少人晓得，我是出于为经国先生辩护，才为他辩解，因为我单纯认为他是父亲经国先生长期培养的台籍精英，更是晚年亲手指定的接班人，一定是走“经国路线”的。如果随着外界把他说得一文不值，不就等于否定了自己父亲的判断。

我们都被李登辉骗了

我出任党部秘书长一年左右，他可能感觉到我对他的理念有所怀疑，曾前后两次，一次在他办公室、一次在官邸，只有我和他两人在场时，特地向我用保证的口吻说：“秘书长，你要相信我，我不会搞什么‘台独’的；外面都是在乱讲……”看到他谈话时的真诚，尤其是以“总统”身份在说话，谁会相信他说的不是真话？后来才知道，除了经国先生，其他如连战、宋楚瑜、郝柏村等等都被他骗了。

李登辉向德国广播公司宣布“两国论”之前，他临时找我和殷宗文、苏南成、陈金让等少数几个人到他办公室，告诉我们他的决定。对我来说，还是第一次听到他“特殊国与国之间的关系”的主张，虽然身为秘书长，不仅事先没有任何参与，更完全被排除在核心商议过程之外。或许他知道我长期在“外交部”工作的关系，对这种论调不会赞同，也会提出警告美方必有强烈的反应，所以在设计研讨过程中就没有把我算在内；要不然，就是还没有得到他充分的信任。至于其他在场的几位，我想事先均有某种程度的参与。尤其看到身为“国大议长”的苏南成在座，让我直觉到李登辉难道计划把“两国论”和以后的修宪内容挂钩在一起？难道要苏南成当“议长”，就是为了遂行“两国论入宪”？

果不然，不到几天，外界就有“两国论”可能“入宪”说法，且甚嚣尘上。随即，两岸关系为之紧绷。

因“国大”自肥开除苏党籍

就在我怀疑苏南成真正意向的当口，他竟然在“国民大会”闯了一个大祸，也让我有机会阻挡了“两国论入宪”的阴谋。

一九九九年九月四日苏南成在“国民大会”主持“修宪会议”过程中，以卑劣的手法操弄议事规程，迅雷不及掩耳地于审议第三届国代任期是否延长之“修宪案”时，违背国民党的立场，竟改采不负责任之“不记名表决”的方式，三读通过将现届国代任期延长两年一个月之久，至第四届“立法委员”任期届满为止的提案。

消息传出，舆论哗然，所有舆论对“国大”自肥一片挞伐，国民党首当其冲，受到极为严重的嘲笑和伤害。若处理不善，一定直接冲击到二〇〇〇年的“大选”。连战获悉后，更痛斥为“宪法破毁”，交代我要迅予处理。李登辉闻讯时，直说：“怎么可以，怎么可以！”但没有“震怒”的反应。我即口头以“由于苏南成没有让党版的修宪案通过”，本人督导不力，请辞秘书长职。他没有同意，只简单回答几句话：“现在不要谈这些，最重要是把善后做好。”

关于第三届国代任期案，苏南成完全没有照国民党党版进行，反而让中央强烈反对的延任案，在与民进党私通款曲下获得过关，我建议应即交由中央考纪会严处，李登辉表示同意。四日上午，连战派徐立德到党部来关心这件事，我告诉徐立德，我建议要开除苏南成的党籍，不仅他不能担任“议长”，连他不分区国代的身份都要拿掉。我指示考纪会简主委就苏南成违反党纪案，尽快处理。

九月八日的中常会，由于李登辉主持与中美洲“元首高峰会”，延至下午一点半举行。考纪会在前一天晚上召开会议，十七位委员中，只有许胜发和王仁宏两位缺席，一致决议开除苏南成党籍，送交常会核定通过后执行。

苏志诚来电施压

在召开常会之前，李登辉的心腹苏志诚在当天早上接连打了两次电话给我，要我考虑是否只把苏的“议长”职务拿掉即可？当然我了解这是李登辉的意思，但都被我坚定地回拒了，说：“现在民意沸腾，对党的伤害太大，不能不开除他，如果不这么做，我秘书长也做不下去了。”事实上，我很清楚若是仅去除他“议长”职衔，到预定二〇〇〇年年初召开“国大会议”时，他很容易又被“国大代表”选为“议长”，因为基于私利考量，赞成延任案的“国代”是多数，选票很容易被他掌握。届时他恢复“议长”身份，主导整个议事，若要配合李登辉交代的“两国论入宪”，当然轻而易举，后果不堪设想。这是我要开除苏南成党籍的唯一考量。由于我坚持，苏志诚也就没再说什么了。

到今天，苏南成可能恨我入骨，李登辉对我也耿耿于怀，但我还是很高兴为国民党作了一个正确的决定。

我之所以能担任“外交部长”与党部秘书长，当然是李登辉提供的机会，就像其他被他拔擢过的国民党内其他要角一样，内心不会没有感动；但几年后，我错愕地认清他“台独”的真貌时，心中有不少自责；尤其二〇〇〇年后他的政治作为，对国民党造成摧毁性的伤害，对台湾社会做两极化的撕裂，内心的痛楚与愤怒，早就淹没了原本对他知恩图报而兴起的一丝感激与尊敬了。

第十三章　转战“立法院”·桥接两岸情

二〇〇一年十二月一日我在台北市南区打了一场漂亮的“立委”选战，隔年二月一日宣誓就职，成了两百二十五位“委员”之一。要在如此众多“立委”当中脱颖而出，展现自己的特色和风格，反而成了一项更重要的挑战。在“行政部门”长年累积的经验，让我轻易看到，能在“立法院”有效着力的范围有两项：“外交”和“两岸”。但是“立法院”对“外交”事务是直接使不上力的，至多只能抓紧预算，严格监督，纯属守势角色。针对“两岸”问题，不仅存有创新空间，且具攻击力。五年半以来，虽然我在“内政”和“外交”两个委员会轮流担任召委，但真正的工作重点还是放在两岸关系上。

话台商包机缘由

“立法”和“行政”是完全对立的。当国民党沦为在野党，我即转换跑道，进到“立法院”，始能在政治舞台上对民进党施压。这种角色的调整，是切合民主趋势以及民众期待的。于是我很快将关注的重心，调整到两岸关系上。虽然是一个较新的领域，但过去在担任国民党秘书长任内，不仅有所涉猎，并有全面性的了解和全局性的视野，要在里面找到切入点，不是难事。

一九九四年十一月十五日孝慈在北京发生脑溢血的悲剧，我专程于第二天从美国紧急赶赴北京照料，接着飞往桂林母亲墓前祭拜。那是一九四九年以来首次返回大陆。由于时间匆忙，加上心情低落，虽有几天的停留，只是走马看花，对北京和桂林仅留下一些浮面的印象，但还是感受得到，一个改革开放的口号，使各地都动了起来，每个地方好像全在赶经济发展的进度。所见到的北京城完全和我在台湾所勾画出来的城市景象大不相同。

很意外地，有次在北京饭店用餐，还遇到两位正要回深圳的台商，台南善化人，做运动鞋生意的，主动走过来打招呼并自我介绍。他们是看到媒体报道，知道孝慈生病，所以特地表示慰问之意。我谢谢他们，他们还说，已到深圳三年，订单接不完，生意很不错，接着讲：“这边虽然有钱好赚，但两岸来往不方便。但像我们做鞋子这一行的，如果不到大陆寻找商机，只有在台湾等死……”这是十二年前，我第一次遇到在大陆的台商。虽然只是几分钟的交谈，但令我忘不了他们表情和眼神里所渗出来的坚忍拼劲。

二〇〇〇年八月底我及家人到奉化祭祖，沿途认得了更多的台商。层面从大老板到小干部，地点涵盖了大都市和小乡镇。对他们所遭遇到不同的困难和需求，更有了第一手的了解，他们像是一群欠缺照顾的游牧民族。台商凡遇到问题，只能自求多福，或找当地的台办或台商协会帮忙。他们的处境大多是相对的艰困，但日子一久，不少人也练就一身“兵来将挡、水来土掩、因地制宜”的武艺，不仅随遇而安，还能闯出一片天。到后来，赚钱的还是多数。

台商的心声：直航

最初台商只想到大陆来寻找事业的第二春，能赚到钱即可。但经年累月往返两岸频率一多，每次均须在港澳转机，就感受到交通上的极度不便，费时又费事，故时有怨言。二〇〇二年初，我以“立委”身份到上海、广州、扬州、苏州及深圳等地参访时，曾和他们分别举行座谈，整理出了十几项对台湾当局的不满和抱怨。其中最一致的要求，就是希望改善两岸往返的交通，均盼早日能够“直航”。

二〇〇〇年十二月二十三日，我第一次组团参访大陆各地主要台商协会，前后十天。二十五日圣诞节当天，意外地有机会在上海锦江饭店拜会了海协会会长汪道涵先生，谈了一小时又二十分钟。那时他身体和精神都很好，也相当健谈，两岸和大陆内部的问题，都触及到了。让我印象最深的是，他没有一句口号，也没有意识形态的教条，对两岸应当加强交流的前因后果和重要性，娓娓道来，就像一位充满智慧的长者；当说到大陆内部必须倾全力解决的“三农——农业、农村、农民”问题时，更像一位赤胆忠心、语重心长的元老重臣。美伦事后颇有所感地跟我说，具备类此大格局的人，两岸都不多了。当天汪老在谈话中，对台商在大陆的发展，也十分关心。我还当面把我才拟定的“中国台商发展促进协会”的章程送了一份给他，而且还大胆地邀请他出任名誉理事长。他没有答应也没有拒绝，但很礼貌地收下文件笑着说：“让我仔细看看。”我知道他同意的可能性很低，我的邀请是对他的礼貌，也让他晓得我对台商的重视，并向他强调，大陆方面要特别善待台商群体，并设法给予方便与保护，对两岸日后的经贸交流只会有好处；他完全赞同我的看法。这是我第一次向大陆高层反应台商的需求。

不论是在“立法院”的全院院会或委员会，我都曾多次集中火力在“直航”议题上发挥。但很快察觉，民进党当局基于政治考量，根本无意“直航”，还尽全力阻扰；更严重的是，就是在野党推动修法成功，民进党坚不执行，也无可奈何。

上海的台商朋友有次在年度餐会上，向我强烈表示，近几年由于大陆经济快速发展，都市人口日渐富裕，也都有了些闲钱，每逢旧历新年十天的长假，无不争相返乡或出游，所以很多台商想赶在除夕夜之前返台过年，根本订不到飞香港的机票，只好延到年初三、初四才能返乡与家人团圆。这种遗憾是很难弥补的。听到他们沉痛的心声，我决定施以援手。

打造历史一念间

我以“立委”身份正式推动“三通”议题，是在二〇〇二年五月二十六日于“立法院”举行公听会。所有应邀出席的朝野人士，除了“陆委会”代表设词反对“三通”之外，几一致认定应尽早对“三通”解禁。当天台塑董事长王永庆也亲自与会，并公开强调，“三通”是当前台湾最急迫的议题，台湾经济要转好，两岸就必须及早“三通”。民意趋向，已十分清楚。

事实上，所谓“通商、通邮、通航”的“三通”，前“两通”已经如火如荼地进行了十多年，要挡都挡不住。只是“通航”一项，因涉及含有“主权”意涵的航空器和船舶要进入对方，就容易引发相当的顾虑和争论，当中的复杂性就会被炒作而扩大。它碰触的不止法律层面，而且会变成非理性的政治难题。我的工作经验告诉我，举凡“航空协定”或“通商友好条约”等重大文件的签署，无不必须经过冗长的协商、谈判过程，通常三年五载尚难定案。睽诸当前两岸情势及政治氛围，若寄望由海基会与海协会几年当中完成“三通”谈判，就十分不切实际了。

不少台商每年春节因买不到机票而滞留大陆，无法返台与妻小团聚，迫在眉睫，是必须设法尽速解决的“人道问题”；另外，也不能因为困难重重，就让“直航”永远原地踏步。最后我还是从一种很少人能拥有的独特经验里，寻得了灵感。

我的一个小小动念，让两岸的交流，意外地注入了突破性的动力，并且在内弛外张的两岸情势上，找到了一个历史性的突破口。我所指的个人独特经验，就是一九九二年在“外交部政次”任内，成功地安排了“包机”飞往苏俄，以及一九九四年十一月，安排“包机”将孝慈自北京平安接运回台湾这两件事。我推论出，若能有效地将“包机”模式运用在两岸之间，就可以避开签署敏感的“航空协定”，让两岸航空器在城市与城市之间的飞航，立即成真。

桥接两岸特殊航线

二〇〇二年四、五月间，我曾把此一构想私下和对国际法和航空法颇有钻研的东吴法学院院长程家瑞，以及两岸实务及法规相当娴熟的张五岳教授等五、六位学者专家交换过意见，他们均十分赞同；另外也和华航、华信、长荣、复兴和远东五家航空公司的主管，分别谈论过，无不认为“两岸包机”极富创意且相当可行。

二〇〇二年六月二十二日，我邀约国民党五位“立委”一道前往北京，就“直航”议题，直接和国务院台湾事务办公室陈云林主任在钓鱼台宾馆，首次进行面对面的讨论。整个过程当中，陈云林对“直航”表现出相当大的信心，也表示出许多善意和弹性。对于两岸实施“直航”时，其航线属性，应称之为“国际航线”或“国内航线”？他同意予以“模糊化”。我建议称之为“两岸间之特殊航线”，他表示可以接受。当我提出，在复杂性较高的“直航”未能落实之前，试以“商务包机”暂时取代，在过渡期间，满足至少一部分台商在春节期间的需求，陈云林回应说这是一个很不错的点子，相当认同，但要进一步商议。

离开北京后，我们一行就前往上海、南京、苏州、扬州、广州、深圳和东莞等地去会见各台商协会的成员，他们对两岸早日直航，无不殷切期盼，尤其希望能先解决无法春节返台过年的难题。

七月初回到台北后，我一方面在“立法院”积极推动“两岸人民关系条例”第二十八条的修订，将针对限制两岸直航的文字删除和修正，使其原旨意由“原则禁止”，调整为“原则开放”；另一方面，迅速推出“台商春节包机定点直飞”的提案。十月十八日在“立法院”院会质询游锡堃“院长”时，我当面要求在“三通直航”之前，应以特许方式，让国内航机试办“包机直航”，从台北飞上海接送台商返台过年。但是由于他欠缺国际事务背景，航空法规的认知又极薄弱，对“包机”的了解更极其有限。在答询时，错把“两岸包机”和“直航”打上等号，我和他的对话几乎是鸡同鸭讲，了无交集。“陆委会”主委蔡英文有较清楚的概念，但在做法上，她选择以拖待变。她最了解，只要想做，立即可行。但在上面点头之前，她是不敢贸然倡议放行的。

十月三十一日我在中国国民党中央常会上，提出“春节包机”专案报告，获得热烈回响。连战主席随即指示政策会将全案交由“立院”党团，全力推动。很快获得高达一百四十位“立委”的连署，其中国民党立委六十四位、亲民党四十一位、民进党二十六位、无党一位及新党一位。此案一经提出，民进党“政府”立即感受到相当沉重的压力。我心中有数，“陆委会”是挡不住的了。

初露曙光

游锡堃“院长”终于在十月二十九日首次松动，允诺在半个月内，完成“春节期间上海到台北两岸定点包机直航”的可行性评估。十一月十二日他正式表示，“春节包机”可依现行相关规定，采间接航线方式处理。“交通部”也跟着松口，要航空业者先获港、澳及大陆民航单位同意，再依“民用航空运输管理规则”提出申请。“陆委会”跟着表示，在不违反现行“间接通航”原则及不涉及“航权谈判”下，可以考虑开放“包机”以“间接”方式，自大陆运载台商返台过年。全案于此算是看到了曙光。

国台办新闻局长张铭清在隔天十一月十三日的例行记者会上表示，大陆民航主管部门将会“积极配合”台湾民航业者申请包机，由港澳进入大陆接运台商返乡过春节，但“不能光由台湾民航飞，而大陆民航不能飞”，大陆对两岸通航的基本原则就是“直接双向，互惠互利”。

我看到此一原则的宣示，心中为之一沉，因为在起步阶段，台北方面是不可能同意大陆民航机一下子飞到台湾。民进党当局阻挠全案最强的论点就是“安全顾虑”。“国防部”甚至于以很荒诞的理由指称，原本以为台湾包机去上海运载的是台商，但降落机场后，会像“木马屠城记”一般，冲出来的可能会是两百多名挺着冲锋枪的解放军。这是一位“国防部”李姓情报“次长”奉“部长”李杰之命，到我办公室所做简报内容之一。在能够编出这种连自己都不相信的“军事状况”当做借口的情况下，让大陆的民航机来台，是很容易被台北以抽象的“安全”理由否决的，而在野党也难以反驳。若大陆方面真的坚持要双边飞机“对飞”，春节包机就极可能功亏一篑。我决定再次前往北京协商。

二〇〇二年十一月二十一日我再次率领“台商春节包机直航洽谈参访团”飞抵北京。第二天上午九点，即先前往民航总局，和主管港澳航空业务的副局长高宏峰所率各司级主管与多家大陆航空公司代表，就全案的实务和技术等层面举行磋商，整整谈了三个小时。靠近中午十二点，总算有了两点初步的交集：一、大陆不坚持依照一九九〇年三月十八日公布实施的“中国大陆与台湾间民用航空运输不定期飞行的申请和批准程序暂行规定”来审核此次台湾航空公司提出来的“春节包机”案，并将另颁专案申请办法。二、关于查验每架台湾航空器上，依据国际航空公约规定，必须随时备妥备查且悬挂在驾驶舱门背后的“三证”：（一）航空国籍登记证（二）航空适航证（三）航机无线电台证，以及每一组员必须随身携带的“两照”：（一）身证执照（二）体检合格执照，双方达成默契，大陆方面以不做直接的查验方式，予以避过。

最后协议，只要由台湾航空公司在申请包机许可时，具函陈明并保证各航机均已依规定，备齐“各项必备证照文件”即可。这些难题，都是在两岸都存在“穷则变、变则通”的共通文化指引下，得以解决。

国台办重头戏

二十二日上午和民航总局有了不错的沟通，下午两点和国台办的磋商，才是重头戏，有结果，也才能定案。整个会商由陈云林主任全程主持，在场的还有副主任李炳才等人。两个多小时会谈中，陈云林显得神采奕奕，对包机案的原则和细节均有充分的掌握，显现出相当的自信和期待。我则多次强调，当前处理两岸敏感问题，一定要善用所谓“建设性模糊”（Constructive Ambiguity），让双方各说各话，在刻意创造出的“模糊”空间中，才能各取所需，并且各自给对方起码的面子，和保住本身最大的里子。

当晚八点又再次和民航总局的高副局长举行二轮磋商，到近晚上十点才结束。双方差距又拉近了许多。

全案走到这里，我心里已有八成把握。和陈云林磋谈后，我即率团回台。十一月二十六日就亲自到“陆委会”和蔡英文晤面，把和国台办陈云林磋谈的结论，以及大陆方面的要求，作充分地转达，而且告诉她，双方落差已经不大。

我提醒蔡英文，由于春节转眼就到，有时间压力，最迟要在十二月二十五日前定案，否则上海台商是等不及的。全案磋商过程中，国台办所保持的灵活和弹性程度，是令我感到意外和欣喜的。

见证历史

二〇〇三年元月三日，离农历新年仅剩下二十八天。远东航空公司的春节包机提出直航申请，首先分别获得中国民航总局及台北民航局的核准，正式敲定春节包机可以成行。我才松了一口气。一直到元月十四日，岛内六家航空公司均陆续获得批准，包机共有十六个架次，安排在元月二十六日到二月九日，共提供三千五百五十六个座位。唯一遗憾的，往返上海、台北之间的包机，仍须停降港澳，确是为德不卒。

为了见证历史，我和美伦提前一天在元月二十五日抵达上海。二十六日清晨七点半就到了浦东机场贵宾室。华航CI-585包机于清晨四时七分从中正机场起飞，五时三十九分抵达香港机场，停留一个半小时，经过三小时的飞行，于上午八点五十二分抵达浦东。有如一只寒冬过后的春燕，带着暖春的信息，破云自天而降。这确是历史的一刻，包含了无比的意涵。我最兴奋也最骄傲的是，整个春节包机方案，是由我带头启动，是名副其实的推手。两岸交流过程中，只要回顾到这一段，一定会有我的影子。

任何事情都是起头难。二〇〇三年“春节包机”是典型“无中生有”的案例。在一年期间，从包机概念的发想，到立院的提案，以及两岸间的穿梭，在毫无前例可循的情况下，完成了两岸五十三年来的一个创举——让台湾的航空器得以往返台北、上海，受到英雄式的欢迎。回头想想，真不是件易事。

我之所以能做成，而其他“立委”办不到，和几十年的行政经验绝对有关系。在推动之初，并没有十足把握。我只认定那是一件对的、该做的，和实务上可行的事情，却不能确定，两岸有可能接受双方均从未思考过的“包机”概念。最初，我几乎是以传教士的心情，逢人就解说什么是“包机”，因为国民党内部也有很多人不清楚，更遑论持盲目反对立场的民进党了。

二〇〇三年下半年起，由于阿扁“公投”和“制宪”的主张，使两岸关系紧张异常，加上隔年三月就有“总统大选”，我即断言二〇〇四年，不具备春节包机续飞的客观条件。二〇〇四年年底两岸情势渐趋和缓时，我即刻在国民党中常会建议，应持续推动二〇〇五年的春节包机，不可让二〇〇三年的包机成为绝响，并应尽速组团前往北京磋商，将包机范围扩大、内容提升。

另外我在“立法院”向“陆委会”加压，要求正面回应台商提出增加包机方便性的需求。“陆委会”在压力之下，所推出的新包机方案，是令人可以接受的。与二〇〇三年相较，二〇〇五年包机有下列三点的进步：一、由“单点”（上海一个城市）增加为“多点”（上海和北京）；二、由“单飞”（只有台湾航机飞大陆）调整为“对飞”（允许大陆航机与台湾航机共同参与包机往返两岸）三、由“中停”（必须途经港澳并降落机坪）改为“不中停”（仅飞越港澳“飞航情报区”，而不落地）。整个内容的充实，与第一次包机相较，确实更符合实际的需求。

逆流而上

早于二〇〇三年包机成案之前，我就曾要求“陆委会”将包机的适用对象，不要仅局限于“台商”，而应当拉开，使之能涵盖凡持有合法旅行社证件的台湾同胞，包括观光客、台湾在大陆求学学生，以及在大陆各地短期居留和探亲的民众，均能搭乘。“陆委

2002年12月24日的归宗茶会上，蒋孝严谈及归宗的艰辛历程，不禁落泪。

《新新闻周刊》对蒋孝严兄弟俩童年往事进行了专题报道。

2003 年，《纽约时报》、《洛杉矶时报》以显著的位置报道了蒋孝严颇具传奇色彩的身世。

坐落在桂林章亚若墓前的“孝严亭”。

2004 年，蒋孝严在桂林为母亲章亚若重修的墓地。

蒋孝严延续蒋家血脉。前排右起为蒋孝严、黄美伦。后排右起为次女惠筠、长女蕙兰、长子万安。

2005 年连战率团访问大陆时，胡锦涛主席与蒋孝严握手。

蒋孝严接受中央电视台主持人白岩松专访。

蒋孝严夫妇与克林顿会面。

蒋孝严与福特在餐会中。

蒋孝严与金泳三合影。

蒋孝严与罗慕斯合影。

2005年，蒋孝严摄于书房。

2005年蒋孝严摄于台北市大安森林公园。

2005年12月1日，蒋孝严夫妇和外孙童童。

2006 年 1 月 25 日上午，两岸共同庆祝台湾复兴航空公司首航厦门。

2006 年 4 月 14 日，蒋孝严参加两岸经贸论坛期间接受记者采访。

蒋孝严全家公园留影。

2006 年蒋孝严全家福合影。

其乐融融的一家人。

会”还一直以各种借口不同意扩大对象，所以二〇〇三年及二〇〇五年的包机，只具有台商身份者方可搭乘，引发了不少民怨。最后，还是抗拒不了强大的民意诉求，“陆委会”在二〇〇六年的第三次春节包机安排上，终于把搭乘身份的限制予以解禁，只要有台胞证的均可搭乘。该年搭载春节包机的人数由二〇〇三年的两千四百六十二名，暴增到两万七千人，增长了十倍。

我可以预见，往后在“直航班机”落实以前，每年春节都会有“直航包机”飞越两岸，并逐次扩大，而且很快就会有“货运包机”和“观光包机”的运行，可以暂时填补“直航”的真空。

从小我就在逆境当中成长。没有人会喜欢困难，但当困难到来的时候，我从不选择逃避，反而训练自己勇敢而乐观地面对，从处理的过程里，一定会滋长智慧。我坚信“困难”是所有人生活中不可或免的部分，更是往上跨步的必需动力。这是为什么我乐于追求“逆流而上”所带给我的喜悦和成就。飞机必须是顶着风才能飞扬，顶着风，才能青云直上！

附录

蒋孝严诗选

JIANG XIAO YAN SHI XUAN

夜　雨

(一九六三年九月)

绵绵雨滴
是谁的泪儿流个不停
呼呼风声
是谁作深沉叹息

滴滴落在心坎里是郁郁的种子
声声吹在心湖中皱起一池的涟漪

你怎会躲入这雨粒
你怎会化进了这风声

整个夜里全是风雨
一个影子在另个影子里

寄　语

(一九六三年五月廿九日)

五月的夏里
怎会吹我一身秋的气息?
一片秋叶轻飘在心湖上
又是一圈圈的涟漪

仰望那瓣瓣浮云
要倾出声声的心语
盼轻移到她身边
化成点点细雨
落在那冰封心底

只恨已是太阳度假的日子
遍地都嗅到了别离
那初发的心苗啊
别因分离而萎靡

童　　童

(一)

原来　你就是天使
纯净　洁白　善良
振起翅膀
冷不防
就飞进外婆的心房
全世界瞬间变得真美好
不见了烦恼　没有了惆怅
连石头都会歌唱

咯咯的笑声　外婆说　是天籁
涤尽　耳中千年的尘垢
扫清　心里百年的怅茫

美丽化身为蝴蝶
成天飞绕在童童身旁
人们见到的　尽是醉人的希望

[注] 童童是蒋孝严的外孙李博宇的小名。

(二)

天使会成长
外婆叮咛你
天天要穿上　用真善美做好的衣裳
无邪的正念　永远放在心上

童童只要有你在
黑暗会躲得老远　离你有千丈
因为你是　一道耀眼的光芒

咯咯的笑声　外婆说　是天籁
比玫瑰要芬芳
贝多芬听到　都竖指赞扬

童童　只要有你在
草更绿　花更香
鸟儿更吱喳
星儿更闪亮
外婆说　外婆说
她听到石头都在歌唱
还不停地回荡　回荡

游“奥入濑溪”

潺潺溪流水
甩远了台北的八卦和喧哗
顷尔　踩进浓密的翠绿和寂静
久违了的清新　轻柔地　迎面袭来
拥出我一身的脱俗　全身的洁净
虽然　你我不再拥有好久好久以前
谈情说爱时的青春
但　轻握你已见风霜的小手
漫步在也有岁月的溪边小径
握出来的　仍是一片深情
有溪水的清澈
有溪石的坚贞
奥入濑溪呀　奥入濑溪
美得像睡着了的观音
谁说只在天上才有仙境
求你教我　锁牢这一刻美好　这一片纯净
把它压藏在心底
像一片压得扁扁的鲜红枫叶
伴着我　牵你的手
含笑　把一生走尽

附录

ZHANG XIAO CI WEN CUN

章孝慈文存

那段剥花生充饥的日子

章孝慈

我与哥哥孝严，出生在广西桂林。不久被带回江西南昌的外婆家，乃至一九四九年迁到台湾定居新竹，皆由外婆及舅舅一手抚养。

由于母亲去世时我们才几个月大，可说完全没有记忆，然根据外婆描述，母亲的字写得很好，人也长得娟秀，做事果断、能力强，同时对外婆十分孝顺；我自己后来再得到一些资料及当年的照片，也了解母亲念完高中便加入救国行列。接受青年团的训练时作风悉如男儿，个性明快果决，一点也不保守拘泥。在当时，可算是蛮有新观念的时代女性。

外公家境非常好。凭着我来台前，一个五六岁孩子的印象，南昌的老家是一幢非常大的宅子，气派的正门上有两个铜环扣，门口一对石狮子，偌大的天井接连二层的楼房，规模宏伟。外公是典型读书人，成天就是吟诗作对、读书写字。他年轻时参加前清科举，曾连得乡试、县试、省市的第一名，当地人称“小三元”，未及参加全国的会试，科举已停，以其学养之深厚，可以想见若一直往上考，也必是鳌头独占。外婆则是个慈祥的女子，个性很坚毅，对我们惜疼之中，自有其执著的原则。时局翻澜，大人们讨论东渡的问题，外祖父因为舍不下庞大的家产以及孩子们，不肯离开大陆，外祖母则和舅舅最后决定带着孝严和我来台。

外婆随身虽带了些现款和首饰，但因为考虑到短期内就要回去，数目并不多，足够一段时间的需用。没多久，我们的生活就捉襟见肘了，从当时整个社会来说，几乎大家的物质条件都同样差，吃、穿、住、用，大同小异，并不是我们一家特别，在这种环境下长大，我也并不觉得苦。

舅舅为了挣钱，自己做包子、馒头在市场摆个摊子，吆喝着做起生意来。陆续还卖过钢笔、袜子，还有塑胶皮带等零星物件，我也陪着去，长久阅历下来，心里很明白，不这样辛苦卖力，我们的生活就没有着落。

家贫，买不起鞋，外婆亲自缝鞋面纳鞋底为我们做布鞋。不过我们平常上课多半打赤脚，同学也都这样嘛！没什么可以抱怨，而且不穿鞋，跑得蛮快的，小孩子爱玩，地再烫或再冰都不以为意。甚至偶尔碰到正式些的场合不得不穿鞋，反而有些不自在。

衣服，寻常就是一套卡其布的制服。文具用品也总是省着用，偶尔添支新的铅笔就欢欣不已，钢笔，那是很奢侈的梦了。当时最羡慕的就是环境较好的同学有单车可骑，既好玩又神气，每每总想跟他们借，骑来过过瘾。

我们的房子十分简陋，甚至没有一间浴室。当时舅舅因为卖肥皂，堆了一些空的木箱子，灵机一动便拿来在厨房一角隔个小间，勉强算作“浴室”。水壶烧点热水兑冷水，倒在木盆里，后来换成厚的铝制盆，用肥皂洗澡，那便是当时生活的最佳写照。

有时候我们穷得连米钱也付不出，欠了几次之后，米店再也不肯让我们赊账了。这时只好改用便宜的面粉，由舅舅自己做馒头或加点青菜煮面疙瘩。十分困难的时候，连面粉也买不起了，那就只好吃带壳的煮花生。往往我们放学回家，见舅舅在揉面，知道要吃馒头了；见报纸包的一大包在桌上，便知道是吃花生的日子，一颗一颗把壳剥开，总得吃个几餐。这种生活上的经历，对我个人来说，我很庆幸受过这种磨炼，让我早早就能体会人生真实的一面，了解生命本身就是段艰苦的奋斗过程。

小时候我们房里两张竹床，小的一张外婆睡，大的一张就是我跟孝严挤，从小这么推来推去，挤来挤去，到高中都没分开过，如今想起那些事，也仍觉得蛮值得回忆了。

小学在新竹念东门国小，因为同学多半是本省人，一说话便是闽南语，锻炼得十分流利。升上初中时，因为有一位很熟的吕华先姑姑在中坜担任数学老师，建议我们兄弟俩到她那儿去，以便就近照顾，把数学底子打好，就这样，我们中学就到中坜这个客家庄读，三年熏陶下来，连客家话也很擅长了。

外婆与舅舅对我们两个小孩，爱当然是极爱，却丝毫不溺爱，无论求学、做人都管得十分严格。每天我们必须亲自整理内外的环境，穿衣、吃饭，与长辈亲友的应对进退细节都有一定的规矩。小孩子总是调皮好动，我小时候亦不例外，记得我因为十分讨厌补习，往往到老师家待一下就溜出来，跑到电影院瞄准了一个大人就跟着进去看电影，待得散场后，出来一看，外婆和舅舅都在门口，他们料我必在那儿。逮了回去少不得要罚跪，跪完了，外婆再把我叫到跟前殷殷叮咛，务必叫我晓得为何遭此责罚。

家中对我管教如此之严，但是我小时候并不真正懂得念书的意义及乐趣，一直到了初中也还是一样。因为班上同学都以农家子弟为多，大自然里长大的孩子可顽皮透了，跟着他们，往往早上十点左右就把便当吃完了，中午花样更多，拿着空便当盒，到田里抓泥鳅抓虾子，生火煮来吃，夏天更跑到河里去游泳，整个生活充满了田野的乐趣。

调皮好玩之余，我的功课由于家中要求得十分严格，倒是尚能应付。初中那段日子，舅舅要求我们兄弟俩每天要将上过的国文和英文课文，利用下课时间抄一遍带回来。不这样做到，零用钱就拿不到。舅舅的苦心以为，不管你懂不懂、爱不爱念书，抄过一遍至少可以记住一些，同时一方面还可借此练一手漂亮的字；所以我小学初中都不曾主动地自我勤恳，而自小严格被要求埋下的种子，一直到念到高中之后才萌芽，我如同开窍一般，突然懂了念书的方法，并且体味到其间乐趣。

念大学时，孝严与我在东吴，家中经济依然拮据。私立学校昂贵的学费和生活费都曾构成我们相当的困扰。譬如在小店包饭，我们总无法把每个月的钱一次缴清，小饭馆的人不错，见你钱没交齐，他也不催你，饭仍照吃，菜仍照打，只不过他有个妙方法，小店里备有小黑板，名字都在上头，正字为记，欠一天画一杠，缴了钱合算一下又擦掉几杠。我跟孝严每个月都榜上有名，甚至欠到十几天，得等舅舅从新竹寄钱上来才能一点点地摊还。

房租也是一样的情形，我们住的房间很小，一开门就是厕所，图的只是便宜。交房租的时间到了，房东老远就扯开嗓门，我们兄弟没有办法，仍然硬着头皮继续住。开学时的学费也大费周章，不止一次，我们找申丙老先生做保，他带我们到石超庸校长的办公室，盛赞我与孝严都是很好的孩子，应该特准先注册后缴钱，并写下保证书，担保我们如果真的付不起，责任全由他负，于是我们得以拖拖欠欠，一年一年地把书念完。

因为家里发生一件法律纠纷改变一生的志向，我念完中文系后再回头念法律。从小外公就教导我们吟诗诵词，而舅舅也培养我们在古文方面的功夫，长此以往，兴趣被酝酿得十分深厚，进入东吴大学中文系之后，我读起来如鱼得水。不过因为大一那年，家中发生了一件法律纠纷，竟使得我转移了一生发展的方向。

那件纠纷起因于舅舅向人借了钱，真正的债权人并未提出告诉，而由另一个人上法院要求查封我们住的房子。舅舅十分苦恼，总觉得整件事不对劲，欠了钱是没错，对方有权提出告诉也没错，但是绝不该由此人来告。至于应该怎么办，他又没主张，买了一本《六法全书》看了半天，最后房子仍然逃不过被查封的命运。

这件事给我很大的刺激，我想，如果当时我读的是法律，就不至于全家一筹莫展，起码诉状会写，基本观念了解，应得到的保障就不会平白丧失，也许查封之事尚有挽回的余地。因此心里便暗暗决定要转法律系。

第一年，想转法律系的人太多了，却只有一个名额，我考了第二没转成，心中十分难过。到了二年级想转，没有名额。到了三年级我仍然想转，但是当时一位老师告诉我，中文系既已念了两年了，再转法律系的话会耽误许多时间，不如先把中文系念完，文字上的基础更深厚了，再来念法律系，效果会更容易，了解也更透彻。他并举几位前辈，如端木恺、王绍堉先生都是先念完大学再读法律系的，建议我也可以走这条路。

这番话我确实听进去了，于是便把中文系扎实读毕，当完兵，再回东吴从二年级开始读起法律系。东吴法律得修业五年，因此我的大学前前后后念了八年，两个学士学位。

由于确实已然尝到书味，故读书总比别人细心。在法律系，每次考试前，同学总会要求我在课堂上帮他们把所有的课程复习一遍，也因为这一番反复的激荡，对于法学的脉络，我有了较清楚的认识。

离开东吴，我赴美念书，先是在德州南美以美大学念政治学硕士，随即又到路易安纳州的杜兰大学念法学硕士及博士，直到一九七八年才回到岛内，算算这年正好是三十四岁，跟早先立下三十五岁前全心念书的计划颇为吻合。

我始终以为只有认真才能有收获。学习的意念决定你所能得到的内涵，不管在哪个阶段，都得抱持高度的热忱，不断学习乃能有所获益。回想在岛外求学的那段日子，确乎是专注，在课堂上写的笔记因为速度免不了潦草，趁回去又听录音带再誊一次，做成完整正式的笔记，这样仔细下功夫之后，我有足够的敏锐度去判定怎样才能学得多，怎样才能抓得住要点。后来，当我执起教鞭，据此倒也颇能提供给同学们许多参考。

在美国的六个年头，为了赚取学费，每个暑假，我都得打工。第一个暑假蒙同住宿舍的一个念经济的老美介绍，我天天搭他的车子，到盖房子的工地去挖地基，美国式的屋子结构其实很简单，我们负责把地基挖好，钢架竖好，灌水泥，其他部分就是别人的事。一处挖过一处，顶着德州有名毒辣的太阳，汗水倾泄不止，第一天下了工回去，十个指头都磨破流出血来，只好用些OK绷包起来，第二天再去，懂得戴手套了，再做几天，连手套都磨破了。一整个夏天，就是与大批笨重粗糙的钢条水泥周旋，记得一个小时可以赚三块美金，待遇算是最好，所以辛苦也就在所不计了。

我也在餐厅当过服务生，那还是从Waiter的助手Bus Boy做起，帮

Waiter摆桌子、收桌子，脏兮兮地卷到厨房去清洗。不能负责点菜，等Bus Boy做得不错了，才升为Waiter，这时，才能有自己的小费。

美国很早就有保安公司，我也曾经做过警卫，啤酒厂、银行都待过，穿一件最小号的制服，带着一把枪，一个钟点到四处查巡一次打个卡，其他时间便是你的。对我而言，这算是理想的一份打工职业了，我可以充分利用时间看书。果然那个暑假拼凑这些杂碎的工余光阴，我竟译成了一本法学著作，想起来弥足纪念。

外婆的教导深深影响我和孝严一生。面对家世的揭晓，仍然坦诚坚定地走过来。

外婆是我成长过程中最重要的一股推助之力。逃难颠沛，在台东扎新根的苦日子始终没难倒她，她总教我们环境苦不重要，一个人有没有骨气、有没有志向才是关键所在。对我们的身世，她向来只字不提，孩提时我们会问，但是她只灌输我们一个观念：父亲是个正直勇敢能干的人，一个很好很好的人。这样的幽微用心，使我们能一路平凡成长，不管做人做事都知道要全心全意，专致以赴。

高三那年，外婆的身体已经不很好了，她仍习惯早起，将茶杯上的覆布掀开，打湿抹布擦净桌椅，迎接一日的来临。有一日我醒来，一看什么动静都没有，急奔去看，外婆已在睡梦中过去了。

外婆虽然过去了，她教导我们的点点滴滴，一种不特别但很坚持的中国人的态度却深深透进我生命的底层，使我们在面对家世揭晓，众说纷纭的情境之下，也仍然坦诚坚定地走过来，秉着我们心中的爱与诚，开创我们自己的一条路。

十年前，我在美国完成学业，正好东吴缺专任老师，我便回母校服务，在学术性的领域里发挥。法律本身相当吸引我，我始终认为一个进步的国家，一定拥有上轨道的法律才能有此规模。以美国为例，如果抽掉法律，物质文明与科学进步并不能维持社会的和谐。不管是教育、学术、行政，只要不是为私益，全心为社会国家为大多数的人做事，虽然不见得每个人都能做一个绝对成功的人，但是做好本分的工作，以今生今世的心力全神投入，生命的意义便已发挥俱足，这是我向来做事的态度，未来也将如此自期与自许。

（原载一九八九年六月三日台湾《中央日报》）

图书在版编目（CIP）数据

蒋家门外的孩子 / 蒋孝严著. --3版. --北京:
九州出版社，2012.12（2016.11重印）

ISBN 978-7-5108-1933-9

Ⅰ. ①蒋… Ⅱ. ①蒋… Ⅲ. ①蒋介石（1887～1975）
—家族—史料 Ⅳ. ①K820.9

中国版本图书馆CIP数据核字(2013)第010695号

蒋家门外的孩子

作　　者	蒋孝严　著
出版发行	九州出版社
地　　址	北京市西城区阜外大街甲35号(100037)
发行电话	(010)68992190/3/5/6
网　　址	www.jiuzhoupress.com
电子信箱	jiuzhou@jiuzhoupress.com
印　　刷	三河市东方印刷有限公司
开　　本	710毫米×1000毫米　16开
印　　张	19.25
字　　数	207千字
版　　次	2013年3月第3版
印　　次	2016年11月第2次印刷
书　　号	ISBN 978-7-5108-1933-9
定　　价	39.80元

★版权所有　侵权必究★